CRAZY QUILTS
Vom Flickwerk zum Kunstwerk

Rita und Christina Schaffer

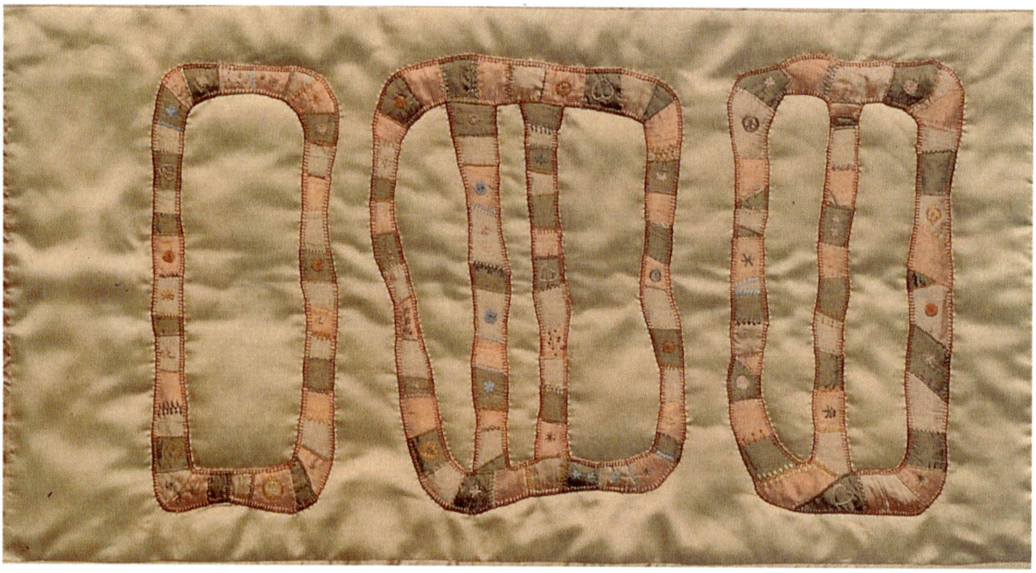

Abb. 1: *Kostbare Zeit*, Rita Schaffer 2003. 101 x 56 cm, Seide, handgenäht, mit Knopflochseide bestickt.

Für Gottfried und Ciro

Unser besonderer Dank geht an alle, die uns bei der Entstehung dieses Buches unterstützt haben:

Wir danken den Künstlerinnen Gülhis Bektas, Jane Burch Cochran und Sophie Gelfi für die freundliche Zurverfügungstellung der wunderschönen Fotos und die wertvollen Kommentare über Crazy-Quilts.

Wir danken Naomi Pfenninger und Walter Maissen (Americana), Pat O´Donnel und dem Kuratorium der Nationalmuseen und Galerien von Nordirland, Jerry Vegder (Prints of Japan), Dr. Berna Kirchner (Schloss Eringerfeld), Stephen Szczepanek (Sri Textiles) sowie Emoto Shigeru und Tabuchi Nobuaki (The Marubeni Collection) für die freundliche Zurverfügungstellung des Bildmaterials, ohne welches dieses Buch nicht zustande gekommen wäre.

Ganz besonders bedanken wir uns bei Brigitte Ehmann und Gabi Schultz-Herzberger für die Korrektur des Textes sowie die hilfreichen Ratschläge und die zahlreichen Tipps. Ebenfalls danken wir Sandra Haun und Eva Maria Strasser für die Korrektur des Textes.

[Inhalt]

[Einführung]

Was ist das Ziel des menschlichen Lebens?
Reich zu werden.
Wie?
Unehrlich, wenn wir können;
ehrlich, wenn wir müssen.
Mark Twain

Die Geschichte des Crazy-Quilts ist tief in der amerikanischen Kultur und Gesellschaft verankert. Im 19. Jahrhundert kamen die meisten Kunstbewegungen und Modetrends über den alten Kontinent in die USA, nicht so der Crazy-Quilt. Diese verrückten Zierstücke sind eine amerikanische Erfindung.

Nach dem amerikanischen Bürgerkrieg brachte die industrielle Revolution in den Vereinigten Staaten tiefgreifende gesellschaftliche, politische und technische Änderungen mit sich. Der Titel einer 1873 veröffentlichten satirischen Erzählung von Mark Twain und Charles Dudley Warner, *The Gilded Age* (Das Vergoldete Zeitalter), gibt dieser Zeit des materiellen Fortschritts und Wohlstands im letzten Viertel des viktorianischen Zeitalters ihren Namen.

Die Industrialisierung und die damit einhergehende zunehmende Verstädterung brachten jedoch nicht nur Wohlstand für die entstehende Mittelschicht sondern auch Korruption und soziales Elend für die zahlreichen Einwanderer und die Landbevölkerung, die ihr Glück in den großen Metropolen suchten. Während sich die einen in Opern, Theatern und auf verschwenderischen Parties vergnügten, kämpften die anderen ums Überleben, um ihre Rechte und um die Verbesserung der miserablen Arbeitsbedingungen in Fabriken und beim Eisenbahnbau.

In dieser Zeit der Gegensätze entstanden auch die ersten Crazy-Quilts. Wie wir in den nachfolgenden Kapiteln noch sehen werden, spiegeln diese Quilts Geschmack und Geschichte der amerikanischen Gesellschaft wider, insbesondere die Situation der Frau zwischen Tradition und Fortschritt, zwischen Zwang und Freiheit.

Sie erfahren hier das Wichtigste über die Geschichte und Bedeutung des Crazy-Quilts und lernen, wie Sie selbst einen nähen können. Die schönsten Crazy- Quilts entstehen aus einer Mischung aus Fantasie, Gedankenfreiheit, Mut und Verrücktheit.

crazy

verrückt
wahnsinnig
begeistert
versessen
baufällig
unregelmäßig
zerbrochen

Abb. 2: *Das vergoldete Zeitalter*, Rita Schaffer 2003. 92 x 87 cm, alte Trachtenseide, handgenäht, mit Perlen, Knöpfen, Pailletten und anderen Objekten verziert.

[Die ästhetische Bewegung]

Wem in schönen Dingen schöne Absichten aufgehen, der hat Kultur.
Oscar Wilde

Kunst ist der Ausdruck der Freude eines Menschen an seiner Arbeit.
William Morris

Die Ästhetische Bewegung (ca. 1870-1900) ist eine Reaktion auf die rasche Industrialisierung und die damit verbundenen gesellschaftlichen Veränderungen. In den Vereinigten Staaten gründete diese Bewegung nicht nur auf der Kritik des damaligen Lebensstils und der Rückbesinnung auf die alten Werte, sondern auch auf der Suche nach einer eigenen, unabhängigen Identität und Kultur.

Die neuen Kunstprinzipien entwickelten sich aus britischen Reformideen, welche durch die nach Amerika ausgewanderten Künstler sowie den vermehrten Import von Büchern und Zeitschriften aus der «alten Welt» in den USA große Verbreitung fanden. Auf den zahlreichen internationalen Ausstellungen, insbesondere auf der Weltausstellung in Philadelphia 1876, wurden viele dieser neuen Ideen und Prinzipien der Öffentlichkeit präsentiert.

Die Idealvorstellung von William Morris, einem der Gründer der britischen *Arts & Crafts* Bewegung, war die Freude an der Arbeit und die Herstellung von qualitativ hochwertigen, handgefertigten Objekten. Er war überzeugt davon, dass eine schöne Umgebung nicht nur zur Verbesserung der Arbeitsbedingungen, sondern auch zur Verbesserung der Gesellschaftsstrukturen und der moralischen Werte beiträgt. Deshalb forderte er als Alternative zur Massenproduktion minderwertiger Konsumgüter ästhetische Alltagsobjekte mit natürlichen Formen und geometrischen Mustern.

Morris wurde in seinen Ideen bestärkt durch das Ziel des britischen Schriftstellers und Malers John Ruskin, die dekorativen Künste erneut auf das Niveau der schönen Künste zu heben. Durch die Trennung von Handwerk und Kunst gegen Ende des 18. Jahrhunderts sowie die zunehmende Industrialisierung im 19. Jahrhundert hatten diese nämlich stark an Ansehen verloren. In der ästhetischen Bewegung wurden Kunst und Handwerk als Einheit betrachtet, wobei oft mehr Dekoration höhere Kunst bedeutete.

Der Crazy-Quilt repräsentierte eine der populärsten Ausdrucksformen der ästhetischen Bewegung. Es handelte sich um hochwertige Handarbeit aus feinsten Stoffen, die ihre bisherige Gebrauchsfunktion verloren hatte und als reines Zierobjekt zur Verschönerung von Heim und Haus diente.

Viele der im 19. Jahrhundert gefertigten und noch erhaltenen Crazy-Quilts können heute in amerikanischen Museen als kulturhistorisches Zeugnis und Ausdruck der Phantasie und Vorstellungskraft der Frau im Vergoldeten Zeitalter bewundert werden.

Die Weltausstellung in Philadelphia

Anlass zur Weltausstellung in Philadelphia war die 100-Jahr-Feier der amerikanischen Unabhängigkeit. Nach 10-jähriger Planung wurde die Weltausstellung am 10. Mai 1876 vom Präsidenten Grant feierlich eröffnet. Fast 10 Millionen Besucher besichtigten die verschiedenen Pavillons, in welchen Fortschritt und Industrialisierung des Landes zur Schau gestellt wurden: Mit Stolz präsentierte das Land neue Erfindungen wie das elektrische Licht, die Schreibmaschine, das Telefon, ein automatisches Gerät zum Füttern von Babies und vieles mehr.

Im Frauenpavillon, der von Elizabeth Duane Gillespie, der Urenkelin Benjamin Franklins, organisiert worden war, wurden die Fähigkeiten der Frauen in verschiedensten Bereichen gezeigt: Am Eingang erregte Emma Allison, die eine Dampfmaschine bediente, mit ihren theoretischen und praktischen Kenntnissen über Mechanik, die Sauberkeit im Maschinenraum sowie ihrer adretten Erscheinung erhebliches Aufsehen. Es wurden nämlich nicht nur Handarbeiten sondern auch von Frauen gemachte Erfindungen vorgestellt: eine Maschine zum Waschen von Decken, eine Bügelpresse, eine Geschirrspülmaschine und andere Maschinen, die großteils zur Erleichterung der schweren Hausarbeit dienten.[1]

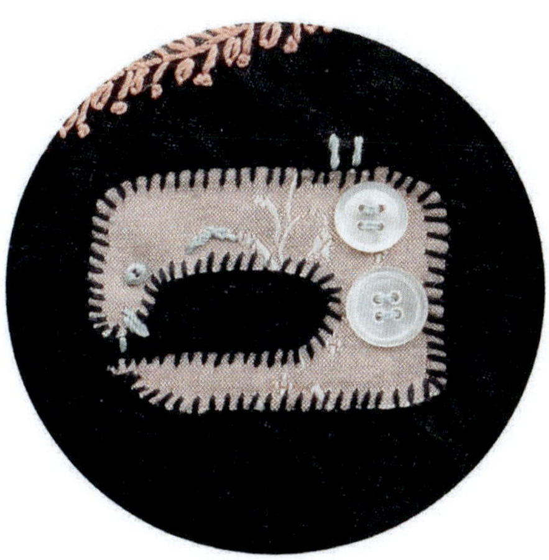

Besonders beliebt war der japanische Pavillon, in welchem über 250 japanische Aussteller Kunst und Handwerk dieses exotischen Landes vorstellten: «Mannigfaltigkeit und Schönheit [der Objekte] waren eine der größten Überraschungen der Ausstellung».[2] Japanische Keramik und Wandschirme aus Seide faszinierten ganz besonders: «...[sie] waren mit Szenen aus dem Alltagsleben der Leute bemalt und bestickt. Die Umrisse der Figuren und Landschaften waren gezeichnet, Kleidung, Gesichter, Tiere, Häuser etc. wurden durch Reliefstickereien hervorgehoben. Auf diesen Paravents konnte man zahlreiche Hinweise zum Studium des Lebens und der Gewohnheiten Japans finden.»[3]

Frauen besitzen weder künstlerische Sensibilität noch Genie.
Jacques Rousseau

Jeder freie Mensch ist kreativ.
Joseph Beuys

In mancherlei Hinsicht war die Ästhetische Bewegung eine Frauenbewegung, wobei Kunst in dieser Zeit für Frauen gleichzeitig Freiheit und Gefängnis bedeutete: das Zugeständnis, ihre Kreativität innerhalb der Grenzen der traditionellen Frauenrolle entfalten zu dürfen.

Frauen zählten nicht nur zu den bedeutensten Herstellern ästhetischer Objekte sondern waren auch die eifrigsten Konsumenten.

Candace Wheeler war eine der bedeutendsten amerikanischen Vertreterinnen dieser Kunstbewegung. Sie gründete 1877 in New York die *Society of Decorative Art* mit dem Ziel, die weibliche Kreativität zu fördern und Frauen die Möglichkeit zu geben, durch dekorative Kunst aktiv ihre eigene Umwelt zu gestalten. Auf die Frage, ob ihr Mann Thomas diese Aktivitäten gutheiße, antwortete Wheeler: «Ja, er sagt, dass ich so beschäftigt bin und dafür nicht wählen gehe».[4] Vorbild war die *Royal School of Needlework*, die auch auf der Weltausstellung in Philadelphia vertreten war. Diese Stickschule war 1872 in Großbritannien gegründet worden, um die Herstellung qualitativ hochwertiger Stickereien zu fördern. Ein weiteres Ziel der *Royal School of Needlework* war es, bessergestellten Damen, die sich in Geldnöten befanden, eine gesellschaftlich akzeptable Möglichkeit zu bieten, ihren Lebensunterhalt zu finanzieren, indem sie die von ihnen hergestellten Handarbeiten anonym verkaufen konnten. Gleichzeitig wurden an dieser Stickschule wichtige traditionelle Erziehungswerte wie Selbstdisziplin und Perfektion vermittelt.

Die Kunstfertigkeit der Frau wurde auf die natürliche Begabung und den weiblichen Instinkt zurückgeführt. Diese Fähigkeiten sollten durch eine entsprechende Ausbildung gefördert werden, wobei die traditionelle Rolle der Frau bestätigt und erneut gefestigt wurde. Zu diesem Zwecke wurden zahlreiche Kunstinstitutionen gegründet. Haushaltskunst war für gutsituierte Frauen nämlich nicht nur ein beliebter und passender Zeitvertreib und eine Möglichkeit, den strikten moralischen Normen der Zeit zu entkommen, sondern eine Pflicht. So dienten die von Frauen hergestellten Objekte hauptsächlich der Dekoration und Verschönerung des Heims, das als Ausgleich zur industrialisierten Arbeitswelt harmonisch und ästhetisch eingerichtet sein sollte. Die Arbeit der Frau außer Hause sollte auf keinen Fall die traditionellen Bereiche des Mannes oder gar dessen Selbstbewusstsein gefährden. Natürlich waren auch Unabhängigkeit und Eigenständigkeit Rechte, die nur männlichen Künstlern zustanden. Trotz dieser Einschränkungen waren sich viele Frauen bewusst, dass in der Organisation ihre Stärke lag und sie gemeinsam mehr Möglichkeiten hatten, eigene Ideen, Wünsche und Hoffnungen auszudrücken und aktiv an der Veränderung der Gesellschaft teilzunehmen.

Natürlich waren handgefertigte Kunstobjekte wesentlich teurer als maschinell hergestellte Massenprodukte und deshalb für die arme Arbeiterschicht unerschwinglich. Auch Morris musste dies an seinem Lebensende einsehen. Die ästhetische Bewegung brachte den Wohlstand einer kleinen Elite zum Ausdruck, wobei das Ziel, durch die dekorativen Künste soziale Veränderungen zu erreichen, völlig gescheitert war.

Abb. 3: Crazy Quilt, Dr. Berna Kirchner 1989. 110 x 100 cm, verschiedene Stoffe, indische Bordüre, handgenäht handappliziert und handbestickt.

[Japonismus]

Das einfach Schöne soll der Kenner schätzen,
Verziertes aber spricht der Menge zu.
Goethe

Wabi-sabi bezeichnet die Schönheit unvollkommener,
vergänglicher und unvollständiger Dinge.
Es bezeichnet die Schönheit anspruchsloser und schlichter Dinge.
Es bezeichnet die Schönheit unkonventioneller Dinge.
Leonard Koren

Der erzwungene Freundschafts- und Handelsvertrag von Kanagawa im Jahr 1854 zwischen Japan und den USA bedeutete das Ende einer über 2 Jahrhunderte dauernden freiwilligen Isolation Japans. Nach dieser Öffnung wurden zahlreiche japanische Kunstobjekte auf internationalen Ausstellungen in Europa und den Vereinigten Staaten gezeigt. Außergewöhnliche Form- und Farbzusammensetzungen, ungewohnte Perspektiven und Gestaltungsmittel sowie die Einfachkeit der japanischen Kunst faszinierten die westliche Welt. Zahlreiche europäische Maler wie Vincent van Gogh, Paul Gaugin, Edouard Manet und Henri de Toulouse-Lautrec befassten sich intensiv mit der japanischen Ästhetik und entwickelten neue Techniken und Stile.

Eine wichtige Grundlage der japanischen Kunstprinzipien bildet die Ästhetik und Philosophie des Wabi-Sabi. Im Gegensatz zur hellenistischen Weltanschauung, in welcher Dauerhaftigkeit, Symmetrie und Perfektion gesucht wurden, steht in der Ästhetik des Wabi-Sabi die flüchtige, von materiellen Dingen gelöste Schönheit und Unvollkommenheit aller vergänglichen Dinge im Vordergrund, wobei die Größe im Detail des natürlichen Kunstwerkes liegt.[5] Auf überflüssige Verzierungen wird verzichtet, die Essenz der Dinge kommt durch spirituelle Einfachkeit und die Harmonie mit der Natur zum Ausdruck. Ein ausgezeichnetes Beispiel für Wabi-Sabi sind japanische Raku-Teeschalen: Durch eine spezielle Technik bei der Abkühlung der Tonschalen entstehen schwarz gefärbte Glasursprünge, die willkürliche Muster bilden. Diese Craquelé-Muster wurden oft mit Goldfarben übermalt, um sie noch mehr zu betonen. Einfachkeit, Erdverbundenheit, die Balance zwischen Natur und Kunst sowie die unvollkommene Schönheit dieser Keramik wurden auch im Westen sehr geschätzt. Raku-Keramik, die auf englisch auch als *crazed* (kraqueliert) bezeichnet wird, war auf der Weltausstellung in Philadelphia zu sehen. Einige Experten sehen in den unregelmäßigen und asymmetrischen Strukturen ein Vorbild für den Crazy-Quilt.

Die Essenz dieser Ästhetik wird auch durch das japanische Wort *Katachi* verdeutlicht, das sich zusammensetzt aus *Kata* (Form) und *Chi* (innere, spirituelle Kraft).[6] *Katachi* war der Ausdruck für Schönheit durch minimale Form und zeitlose Funktionalität. Erst nach der Öffnung unter dem Einfluss des Westens kam es in Japan zur Trennung von Handwerk und Kunst. Heute wird der Begriff *katachi* im allgemeinen mit Design übersetzt.

Im Crazy-Quilt sind Unregelmäßigkeit, Asymmetrie sowie die Liebe zum Detail zu finden, nicht jedoch Einfachkeit und Anspruchslosigkeit: Dem Geschmack der Zeit entsprechend wurden Crazy-Quilts meist nach dem Motto «mehr ist mehr» üppig verziert. Kritiker sehen den Crazy-Quilt häufig als eines der besten Beispiele für viktorianisch-verspielten Kitsch. Der Amische Crazy-Quilt bildet hier eine Ausnahme, wie wir in einem späteren Kapitel noch sehen werden.

Alles im Universum ist im Fluss,
es kommt aus dem Nichts
und kehrt ins Nichts zurück.
Andrew Juniper

Bilder der fließenden Welt

Ukiyo-e bedeutet Bilder der fließenden, flüchtigen Welt und bezieht sich auf japanische Farbholzschnitte der Edozeit (1615-1868), in denen meist reduzierte Ansichten aus dem städtischen Alltagsleben dargestellt wurden. Diese Bilder, welche die westliche städtische Konsumgesellschaft am Ende des 19. Jahrhunderts so sehr faszinierten, waren Ausdruck des Wohlstands und des sozialen Aufstiegs einer neuen Mittelklasse in den drei größten Städten Japans: Edo (Tokio), Osaka und Kioto. Nach langen kriegerischen Auseinandersetzungen wollten die Stadtbewohner das Leben endlich genießen. Die Farbholzschnitte dieser Zeit zeigten häufig Ausschnitte aus No-Dramen, Szenen des Kabuki-Theaters, die Schönheit feiner Damen oder auch Landschaften, die, zusammengesetzt zu einem Ganzen, zum Spiegel der gesellschaftlichen Situation wurden.

Abb. 4: Wabi-Sabi in japanischen Hiragana-Schriftzeichen.

Abb. 5: Farbholzschnitt von Utagawa Toyokuni III, auf welchem der Schauspieler *Ichikawa Kodanji IV* abgebildet wird; Verleger: Kagi-ya Shojiro.[7] [Mit freundlicher Genehmigung von Prints of Japan]

Eine für den Westen ungewöhnliche Kompositionstechnik war das Nebeneinanderstellen von verschiedenen Formaten innerhalb eines Bildes. Große Flächen wurden durch kleinere, oft frei im Bildraum schwebende Formen und ornamentale Flächen in verschiedene Bildebenen unterteilt. Diese Kompositionstechnik wird auch als «Wettstreit der gerahmten Bilder», auf japanisch *kibori gakuawase sanzu* bezeichnet[8] (Abb. 5 und 6).

Ähnlich wie bei japanischen Ukiyo-e Holzschnitten fasziniert bei Crazy-Quilts die Gestaltung einer großen Fläche durch das Nebeneinanderstellen verschiedener Formen und dekorativer Elemente. Auch der Einsatz von graphischen Elementen wie Schriften oder Gedichten sowie das Fehlen eines Mittelpunktes ist sowohl für japanische Bilder als auch für viele Crazy-Quilts charakteristisch. Der Betrachter wird eingeladen, alle Einzelteile zu genießen und schließlich die Gesamtkomposition auf sich wirken zu lassen. Vergleichbar ist auch die wirtschaftliche und soziale Situation, in welcher Ukiyo-e Holzschnitte und Crazy-Quilts entstanden sind: In beiden Kunstformen ist, nach einer Zeit voller Entbehrungen, der Ausdruck von Wachstum und Wohlstand sowie einer beginnenden Freizeitgesellschaft wiederzufinden.

Abb. 6: Farbholzschnitt von Utagawa Toyokuni II (1777-1836), Customs of the Six Crystal Rivers; Verleger: Izumiya Ichibei. Die Landschaft innerhalb des Kreises wurde von Toyotoshi, dem Schüler von Toyokuni II, gemalt und signiert. [Mit freundlicher Genehmigung von Prints of Japan]

Japanisches Patchwork

Niemand näht ein Stück neuen Stoff auf ein altes Kleid; denn der neue Stoff reißt doch vom alten Kleid ab und es entsteht ein noch größerer Riss.
Evangelium nach Markus, 2:21

Nicht nur die farbenfrohen Holzschnitte, auch die japanische Textilkunst fand großen Anklang im Westen: Auf der Weltausstellung in Philadelphia konnten bestickte Kimonos, Paravents und handbemalte Seidenfächer bewundert werden.

Die Ursprünge des japanischen Patchwork stehen in enger Verbindung mit dem Buddhismus und dem Glauben daran, dass alle Dinge durch Gottheiten beseelt sind. Aus diesem Grunde war es Pflicht, die Schönheit aller, auch der kleinsten und scheinbar wertlosen Dinge zu erhalten. Die Kleidung von buddhistischen Mönchen wurde ursprünglich aus alten, meist regelmäßig zugeschnittenen Flicken in Patchwork-Technik genäht und galt als äußeres Symbol von Armut und Einfachkeit. Später wurden diese Gewänder oft auch aus feinen Seiden- und Brokatkleidern und -stoffen, die von reichen Gönnern gespendet wurden, hergestellt. Patchwork symbolisiert in Japan auch Hoffnung auf ein langes Leben, da das Zusammennähen von alten Stoffresten deren Leben verlängert.

Im Anschluss werden zwei japanische Patchwork-Techniken vorgestellt, die als «Vorläufer» der Crazy-Technik angesehen werden können:

Kirihame oder das Ausschneiden und Einfügen von Stoffen wurde verwendet, um durch unterschiedliche einfache Designs wirkungsvolle Effekte zu erreichen. Diese Technik, eine Kombination aus Patchwork und Applikationen, war in der Heian Periode (794-1192) unter dem Ausdruck *Zogan*, der gegenwärtig für Einlegearbeiten mit Holz verwendet wird, bekannt. *Kirihame* wurde bis ins 19. Jahrhundert verwendet, vermutlich gelangten auch in dieser Technik gearbeitete Textilien in amerikanische Geschäfte mit Japanprodukten.[9]

Yosegire[10] oder das Zusammennähen von verschiedenen, unregelmäßigen Stoffresten war im Japan des frühen 19. Jahrhunderts sehr populär. Es wurden alle Arten von Stoffen, Farben und Formen für die Herstellung von Paravents und Festgewändern verwendet, nicht aus Not, sondern um nach ästhetisch-künstlerischen Prinzipien neue Muster zu erzeugen. Das Ergebnis wurde als Einheit betrachtet und ist auch auf bedruckten Baumwollstoffen wiederzufinden. Auf den großflächigen Kimonos erzeugten asymmetrisch zusammengesetzte Formen Spannung und Bewegung (Abb. 7).[11] Diese Wirkung wurde durch Stickereien und das Aufnähen anders gemusterter Stoffe verstärkt. Oft waren die Muster der Einzelteile unvollständig und erzeugten so den Eindruck von zusammengesetzten Bruchstücken willkürlicher Anordnung, die nur durch eine gut durchdachte Komposition zu erreichen war. Bevorzugt wurden geometrisch-abstrakte und naturalistische Motive. Das Ergebnis glich einem Mosaik aus verschiedenen Farben und Formen.

Die japanische Ästhetik und Kunst inspirierte amerikanische Frauen vermutlich dazu, aus der alten Regelmäßigkeit und Steifheit auszubrechen, asymmetrische, verrückte, anscheinend zufällig arrangierte Flicken aus Seide und anderen edlen Stoffen für ihre Quilts zu verwenden und diese mit möglichst aufwendigen Stickstichen, Applikationen und gemalten Elementen zu verschönern. Nicht ohne Grund wurde der Crazy-Quilt anfänglich als «Japaner», «japanische Seide» oder «orientalisches Mosaik» bezeichnet.

Abb. 7: Furisode in Yosegire-Technik aus Seidenkrepp, der vermutlich von einer *Keisei* (Kurtisane) aus Shimabara, Kioto, getragen wurde. Späte Edo-Periode (Ende 19. Jahrhundert). Sehr kostspielige und arbeitsintensive Technik.[12] [Mit freundlicher Genehmigung der Marubeni Privatsammlung]

Japanische Konfusion, die im Innersten höchste künstlerische Ordnung bedeutet, regiert.[13]

Abb. 8: Crazy-Taufkleid in Kimonoform, Neuengland (USA) Anfang 20. Jahrhundert. 70 x 100 cm, verschiedene Materialien, handgenäht, bestickt mit Symbolen. [Mit freundlicher Genehmigung von Frau Dr. Kirchner, Schloss Eringerfeld]

[Vom Flickwerk zum Kunstwerk]

«Es ist Methode in dieser Verrücktheit und wenn der Crazy-Quilt mit einer guten Farbenkenntnis zusammengesetzt wird, kann dieser ein Kunstwerk darstellen.
Art Amateur, 1882[14]

Das Zusammennähen von alten Stoffresten war in vielen Kulturen, besonders in Zeiten der Not, eine beliebte Methode zur Herstellung von Gebrauchstextilien.

In Japan wurden in der Meiji-Periode (1868-1912) alte Baumwollflicken in unregelmäßiger Form zusammengenäht, um Arbeitskleidung, Gebrauchskimonos oder Decken herzustellen. Diese Patchworktechnik wird *Boro* genannt, das japanische Wort für Flicken. Auch wenn diese Textilien heute oft als Antiquitäten und Kunstwerke betrachtet werden, sind sie ursprünglich aus der Not und ohne jede künstlerischen Ambitionen entstanden (Abb. 9 und 10).

Auch in den USA wurden in Kolonialzeiten Stoffreste und Flecken alter Kleider wiederverarbeitet, um aus der Not eine Tugend zu machen. Diese Quilts wurden meist aus einfarbigen oder gemusterten Baumwollstoffen genäht und zeichneten sich durch klar definierte Linien und sich wiederholende geometrische Muster aus.

Im Gegensatz zu diesen Gebrauchsdecken wurden Crazy-Quilts meist aus edlen Materialien wie Samt und Seide hergestellt, wobei die Funktionalität nicht mehr im Vordergrund stand. Crazy-Quilts wurden fast ausschließlich zur Dekoration und Verschönerung des Heims gefertigt, meist waren sie deshalb auch kleiner als die traditionellen Gebrauchsquilts. Die Crazy-Technik wurde für Kimonos, Zierkissen und -decken, Sesselschoner und andere Objekte verwendet und stellte das Können und den gesellschaftlichen Erfolg der Herstellerin zur Schau. Ästhetik, Kunstfertigkeit und Originalität standen im Vordergrund. Im Crazy-Quilt sind keine repetitiven, gleichförmigen Muster oder geometrischen Strukturen zu finden. Dieser lebt vielmehr von individuellen, unregelmäßigen Formen und Farben, die auf den ersten Blick unvorhersehbar und willkürlich scheinen. Durch die gelungene Verknüpfung der Einzelteile entsteht jedoch aus dieser wirren Vielfalt eine sehr wohl durchdachte Einheit.

Das anfänglich in der Not entstandene Flickwerk entwickelte sich unter dem Einfluss verschiedener Kunstbewegungen allmählich zum Kunstwerk. «Der reichverzierte Crazy-Quilt wurde von bekannten und elitären Hütern des Geschmacks als Kunstform anerkannt. Sie waren der Ansicht, dass kunstvolle Exemplare oft von solcher Schönheit waren, dass die Hingabe und Mühe, die bei ihrer Entstehung aufgewandt wurden, gerechtfertigt waren.»[15]

Abb. 9: Kimono in Boro-Technik, frühe Showa Periode, ca. 1940. Für diesen Kimono wurden zahlreiche Stoffreste in unregelmäßiger Form verwendet. Zwischen den traditionellen japanischen Baumwollstoffen ist ein weißer Stoff, auf welchem Cowboys und Cowboy-Hüte abgebildet sind, besonders auffallend. Für Japaner waren Stoffe aus dem Westen seltene Kostbarkeiten. [Mit freundlicher Genehmigung von SriTextiles]

Abb. 10: Decke in Boro-Technik, ca. 1915. Diese unregelmäßig gepachte Decke bringt uns die Armut der japanischen Landbevölkerung zu Beginn des 20. Jahrhunderts vor Augen. [Mit freundlicher Genehmigung von SriTextiles]

Abb. 11: Crazy Quilt, Catherine Walker, ca. 1880, Ulster (Irland) und USA, einfarbige und gemusterte Seide. Die Irin Catherine Walker wanderte 1890 nach Amerika aus, vermutlich hatte sie diesen Crazy-Quilt im Gepäck. Er wurde wahrscheinlich über eine längere Zeitspanne gefertigt, es sind zwei völlig verschiedene Stoffstile zu erkennen. [Mit freundlicher Genehmigung des Kuratoriums der Nationalmuseen und Galerien Nordirlands]

Abb. 12: Crazy Quilt (Ausschnitt), Indien, 20. Jahrhundert. 135 x 208 cm, handgewebte Baumwolle. [Mit freundlicher Genehmigung von Frau Dr. Kirchner, Schloss Eringerfeld]

Abb. 13: Crazy Quilt (Ausschnitt), Pennsylvania (USA), um 1880, 175 x 150 cm. Samt, Seide und verschiedene andere Stoffe, 42 Blöcke, handgenäht, aufwändig bestickt. [Mit freundlicher Genehmigung von Frau Dr. Kirchner, Schloss Eringerfeld]

Abb. 14: Crazy Quilt (Ausschnitt), Pennsylvania (USA), um 1880, 175 x 150 cm. Samt, Seide und verschiedene andere Stoffe, 42 Blöcke, handgenäht, aufwändig bestickt. [Mit freundlicher Genehmigung von Frau Dr. Kirchner, Schloss Eringerfeld]

Abb. 15: Crazy Quilt (Ausschnitt), Pennsylvania (USA), um 1880, 175 x 150 cm. Samt, Seide und verschiedene andere Stoffe, 42 Blöcke, handgenäht, aufwändig bestickt. [Mit freundlicher Genehmigung von Frau Dr. Kirchner, Schloss Eringerfeld]

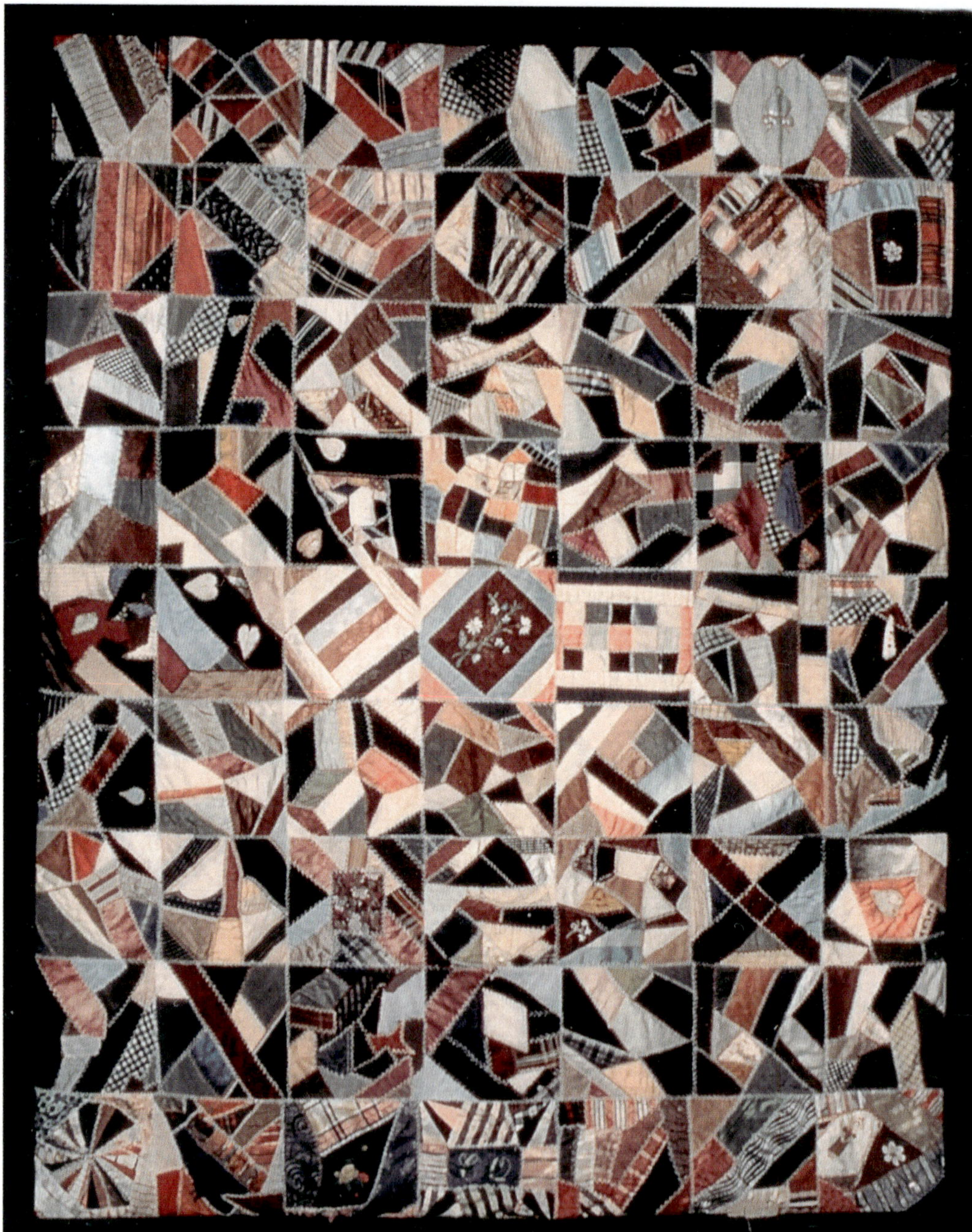

Abb. 16: Crazy Quilt, Maine (USA) 1889. 180 x 140 cm, 63 Blöcke, Seide, Dekostoffe und andere Materialien.
[Mit freundlicher Genehmigung von Frau Dr. Kirchner, Schloss Eringerfeld]

Abb. 17: Crazy Quilt (Ausschnitt), Maine (USA) 1889. 180 x 140 cm, 63 Blöcke, Seide, Dekostoffe und andere Materialien. [Mit freundlicher Genehmigung von Frau Dr. Kirchner, Schloss Eringerfeld]

Abb. 18: Crazy Quilt, Annie Parks, New Hampshire (USA) 1887, Seide. [Mit freundlicher Genehmigung des Kuratoriums der Nationalmuseen und Galerien Nordirlands]

Definition Crazy-Quilt

Ein Patchwork-Quilt aus Stoffresten mit verschiedenen Formen, Farben und Größen, zusammengenäht in einem unregelmäßigen Muster.

The American Heritage Dictionary of the English Language[16]

Technik, bei der Stoffreste zufällig zusammengesetzt werden [...] und bei der jeder Saum mit dekorativen Details und Stickereien verziert wird.

Judith Baker Montano[17]

[Der viktorianische Crazy-Quilt]

Heute werden antike Crazy-Quilts zwar im allgemeinen als *viktorianisch* bezeichnet, da sie in der Regierungszeit der britischen Herrscherin (1837-1901) entstanden sind; man könnte jedoch genauso gut von *Verrückten Quilts des Vergoldeten Zeitalters* sprechen, um zu betonen, dass es sich um eine amerikanische Schöpfung handelt, die ihren Höhepunkt im letzten Viertel des 19. Jahrhunderts erreichte.

Ruth Finley vermutet, dass bereits in der Kolonialzeit unregelmäßige Stoffreste im Crazy-Stil zusammengenäht wurden. «Diese Version ist zwar von vielen Autoren übernommen worden, erwies sich aber zunehmend als unhaltbar. Es gibt kein erhaltenes Beispiel eines Crazy-Quilts oder andere konkrete Hinweise darauf aus der frühen Kolonialzeit. Das Crazy-Patchwork muss mit aller Sicherheit als eine Erfindung des viktorianischen Zeitalters in den USA angesehen werden.»[18]

Eine außergewöhnliche Entdeckung machte Nancy Davis, Kuratorin der *Maryland Historical Society*, als sie von zwei Expertinnen einen auf einer Auktion erworbenen Quilt datieren ließ: Die von Martha Ellicott Tyson genähte Zierdecke stammt aus dem Jahre 1839! Dies ist bislang der älteste noch erhaltene Crazy-Quilt.[19]

Der Ausdruck *crazy* erschien in diesem Zusammenhang vermutlich zum ersten Mal im Jahre 1864 in der Zeitschrift *Our Acre and it´s Harvest*. Crazy wurde verwendet, um ein besonders ungewöhnliches und groteskes Muster zu beschreiben.[20]

1879 war in Peterson´s Magazine ein Artikel zu lesen über die «neue Technik, bei der Stoffstücke aller Art auf einen Stoff appliziert und mit bunter Seide in Nachahmung östlicher Werke verziert werden».[21] Obwohl von Quilts gesprochen wird, werden diese meist nicht gequiltet, sondern geknüpft, um die verschiedenen Lagen zu verbinden. Auch dies ist eine Eigenart der Crazy-Technik.

Anfang der 80er Jahre des 19. Jahrhunderts erschienen in zahlreichen Frauenmagazinen und Kunstzeitschriften wie z.B. *Godey´s Lady´s Book, Peterson´s, Harper´s Bazaar, Dorcas Magazine und Art Amateur* Kommentare und Artikel sowie Anleitungen, Stickvorlagen und andere Ideen zur Herstellung und Verschönerung von Crazy-Quilts.

Allmählich entwickelte sich das Nähen von Crazy-Quilts zu einer wahrlichen Manie.

Nicht nur reiche Damen, die genügend Freizeit hatten, da sie sich für die gewöhnlichen Hausarbeiten Dienstboten leisten konnten, auch weniger bevorteilte Frauen ließen sich von der Crazy-Manie mitreißen. Schönheit und Luxus sollte nicht auf die Reichen beschränkt bleiben: «Frauen sollten finanzielle Mängel durch Geschick und guten Geschmack überwinden und mit ihrem eigenen Bemühen und ihrer Handarbeit auch das einfachste Haus verschönern.»[22]

Es wurden Crazy-Teekränzchen veranstaltet, bei denen verrückte Dinge passierten: Bilder wurden verkehrt aufgehängt oder das Gesprächsthema nach einem Klingelzeichen obligatorisch gewechselt.

Eine ausgezeichnete kommerzielle Idee war es, mit Zigarettenschachteln kleine Seidenbildchen zu verschenken. Auf diesen *Cigarette Silks* waren Abbildungen von Persönlichkeiten, Flaggen sowie Blumen- oder Tiermotive zu finden (Abb. 19). Im viktorianischen Zeitalter war es der Frau zwar nicht erlaubt zu rauchen, die kleinen Kostbarkeiten waren jedoch ein Anreiz, die Ehemänner zum Zigarettenkauf anzuhalten.

Die edlen Quilts dienten als Schaustücke und wurden oft auf Landmessen und Festlichkeiten ausgestellt oder auch für Wohltätigkeitszwecke verlost. Aufgrund der schwierigen und aufwändigen Technik galten Crazy-Quilts als Statussymbol.

Um den weniger begabten Frauen die Herstellung von Crazies zu erleichtern, wurden komplette Stoffsortimente mit fertigen Applikationen verkauft. Aus diesem Grunde sind immer wieder sehr ähnliche Crazy-Quilts zu finden.

Grundsätzlich wurde zwar der künstlerische Wert des Crazy-Quilts anerkannt, dies bedeutet jedoch noch lange nicht, dass alle Crazies Kunstwerke waren. Durch die große Verbreitung dieser Technik verloren die Quilts immer mehr an Originalität und damit auch ihre Einzigartigkeit.

Auf dem Höhepunkt der Popularität waren vermehrt kritische Stimmen zu vernehmen, Trendsetter und Kunstkenner verloren ihr Interesse am Crazy-Quilt, der als Beispiel für schlechten Geschmack genannt wurde. Auch in Zeitschriften, die ursprünglich zur Verbreitung dieser Technik beigetragen hatten, erschienen immer mehr kritische Artikel. So war zum Beispiel 1887 in Godey´s Lady´s Book zu lesen: «Die Zeit, die Geduld, die Stiche und die Fehler, welche der Crazy-Quilt repräsentiert, sind zu schrecklich, um sie in Worte zu fassen».[23]

Abb. 19: Originalseidenbildchen mit Königin Victoria

Am Ende des 19. Jahrhunderts nahm die Anzahl der Gesellschaften für dekorative Künste deutlich ab. Die Kritiker kamen wieder zu der Ansicht, dass Kunstwerke von Künstlern und nicht von Laien gefertigt werden sollen.

In dieser Zeit wurden die Flächen der Crazy-Quilts allmählich wieder etwas größer und die Stickereien spärlicher bis man schließlich fast ganz von dieser Technik abkam.

Nach dem Vergoldeten Zeitalter kam die Depression. Der 1. Weltkrieg (1914-1918), der Börsencrash (1929) und der darauf folgende weltweite Einbruch der Wirtschaft hatten Massenarbeitslosigkeit und eine soziale Krise zur Folge.

In dieser schwierigen Zeit wurden Quilts meist nicht mehr aus teuren Samt- und Seidenstoffen sondern aus alten Woll- oder Baumwollresten genäht. Die Designs wurden einfacher und funktioneller, jetzt benötigte man wieder praktische Quilts.

Abb. 20: Crazy Quilt (Ausschnitt), Annie Parks, New Hampshire (USA) 1887, Seide. [Mit freundlicher Genehmigung des Kuratoriums der Nationalmuseen und Galerien Nordirlands]

Abb. 21: Crazy Quilt (links Gesamtbild, rechts Auschnitte), Vermont (USA), ca. 1880. 175 x 220 cm, handgenäht und mit Blumenmotiven bestickt, mit handgeklöppelter Spitze umrahmt. [Mit freundlicher Genehmigung von Americana]

Abb. 22: Crazy Quilt (Ausschnitt), Fairley, Vermont (USA), Anfang 1900. Seide, Samt und Baumwolle. Bestickt mit Familiennamen von Frau Dr. Kirchner. [Mit freundlicher Genehmigung von Frau Dr. Kirchner, Schloss Eringerfeld]

[Erinnerungs- und Trauerquilts]

Patchwork? Oh, nein, es waren Erinnerungen, Phantasie, Geschichte, Biographie, Freude, Trauer, Philosophie, Religion, Romantik, Realismus, Leben, Liebe und Tod; und vor allem die Aura, die Liebe des Künstlers zu seinem Werk und die Sehnsucht nach irdischer Unsterblichkeit.[24]

Die radikalen industriellen Neuerungen weckten bei vielen den Wunsch, die traditionellen Werte wieder herzustellen. Ab 1880 wird diese Sehnsucht nach der «guten alten Zeit» auf vielen Crazy-Quilts durch zunehmend graphische und nostalgische Elemente besonders deutlich.

Wie in einem Poesiealbum oder einem Tagebuch wurden wichtige Familienereignisse festgehalten: Stoffreste und Erinnerungen wie Hutbänder, Krawatten oder Teile von Kleidungsstücken sowie Souvenirs, die sich im 19. Jahrhundert höchster Beliebtheit erfreuten, wurden aufgenäht.

Im viktorianischen Zeitalter gab es strikte Trauervorschriften: Für ein verlorenes Kind musste eine Frau mindestens ein Jahr lang trauern, für den Ehemann mindestens zwei Jahre lang. In dieser Zeit nähten viele Frauen Trauerquilts mit Symbolen und Andenken an den Verstorbenen. Oft wurde der Name sowie das Geburts- und Sterbedatum dieser Person aufgestickt.

In diesen Quilts formen Bruchstücke der Vergangenheit, Verrücktheiten und Alltägliches ein Ganzes aus einem Stoff, der für Frauen seit seiner Erfindung gleichzeitig Pflicht und Freiheit bedeutete.

Abb. 23: Auch in anderen Kulturen wurden Teile alter Kleidungsstücke als Erinnerung an verstorbene Familienangehörige zu neuen Textilien verarbeitet. Dieser Patchwork-Kimono aus der Meiji-Periode (1868-1912), genäht aus Resten alter Seidengewänder wurde vermutlich für die O-Bon-Feier, ein Fest zu Ehren der Verstorbenen, hergestellt.

[Der Amische Crazy-Quilt]

Von Amisch-Frauen genähte Crazy-Quilts sind selten, da die normalerweise üppig verzierten, wertvollen und meist rein dekorativen Decken nicht der einfachen Lebensweise, den Werten und dem Glauben der aus Deutschland stammenden Religionsgemeinschaft entsprachen. In den wenigen erhaltenen Crazy-Quilts entdecken wir Spontaneität und Experimentierfreude der Amisch-Frauen mit Farben und Formen. Meist aus einfarbigen Baumwollstoffen frei oder in Blöcken gefertigt und mit einfachen Stickstichen dezent verziert erinnern diese Quilts an moderne, abstrakte Kunstwerke.

[Der moderne Crazy-Quilt]

Eines Tages nehme ich einen Fahrradsattel und eine Lenkstange,
setze sie aufeinander, ich mache einen Stierkopf.
Sehr gut. Was ich aber sofort danach hätte tun sollen: den Stierkopf wegwerfen.
Ihn auf die Strasse, in den Rinnstein, irgendwohin werfen, aber wegwerfen.
Dann käme ein Arbeiter vorbei, läse ihn auf und fände, dass man aus diesem Stierkopf
vielleicht einen Fahrradsattel und eine Lenkstange machen könnte.
Und er tut es... Wundervoll wäre das. Es ist die Gabe der Verwandlung.

Pablo Picasso

In den 80er und 90er Jahren des 20. Jahrhunderts, 100 Jahre nach dem Crazy-Höhepunkt, verstärkte sich das Interesse an Crazy-Quilts, ganz besonders in seinem Ursprungsland, den USA und allmählich auch in anderen Ländern.

Heute ist eine Vielzahl von Stilen und Techniken vorzufinden. Vom traditionell gearbeiteten Quilt im viktorianischen Stil, handbestickt und oft intensiv mit Perlen verschönt, bis zu maschinenbestickten Crazy-Quilts mit völlig neuen Farbkompositionen, Designs und Verarbeitungstechniken, von üppig bis einfach, von Kitsch bis Kunst ist alles erlaubt. Der Vorstellungskraft und dem Ideenreichtum des Schöpfers bzw. der Schöpferin - die meisten Quilts werden auch heute noch von Frauen hergestellt - sind keine Grenzen gesetzt.

In der nachfolgenden Crazy-Galerie finden Sie verschiedenste Beispiele, Techniken und Stile.

Abb. 24 (links): *Herbst* (Crazy im Amisch-Stil), Rita Schaffer 2005. 50 x 50 cm, selbstgefärbte Baumwolle, handgenäht und handbestickt.

Gülhis Bektas [Türkei]

«Crazy-Patchwork liebe ich ganz besonders, dabei verwende ich verschiedenste Materialien wie z.B. Baumwolle, Satin, Seide, Samt, Wolle, Spitzen und Bordüren. Ich bevorzuge großformatige Quilts, jede Arbeit ist einzigartig. Patchwork ist mehr als ein Hobby, es ist eine Lebensart. Ich bin überaus glücklich, wenn meine Patchworkarbeiten eine Inspiration für andere Quilterinnen sind.» Gülhis Bektas

Abb. 25: Crazy-Zierdecke (links Gesamtbild, rechts Ausschnitte), Gülhis Bektas. 130 x 75 cm, handgenäht, bestickt und mit Pailletten, Perlen und Spitzen vesrchönt.

Abb. 26: Crazy-Wandbehang, Gülhis Bektas. Handgenäht und -bestickt, mit Perlen und Spitzen verschönt.

Abb. 27: Crazy-Zierdecke, Gülhis Bektas. Handgenäht und handbestickt.

Jane Burch Cochran [USA]

«Ich liebe Crazy-Quilts. Alle sind so verschieden! Mit Kunstquilts habe ich vor über 25 Jahren begonnen, zuvor war ich Malerin und Schmuckmacherin. Das Nähen von Patchwork ist wie das Malen von kleinen Bildern. Ich liebe das unvollkommene Quadrat und andere Formen, die entstehen, wenn der Stoff ohne zu messen geschnitten wird und nicht alles so genau ist. Ich denke, dass Crazy-Quilts viel über die Quilterin erzählen und Bilder enthalten, die den Betrachter zum Nachdenken bringen und ihn erfreuen. Meine Quilts sind reich verziert mit Knöpfen, Perlen, Malereien und maschinegenähtem Crazy-Patchwork. Ich verwende oft Teile von alten Quilts, Handschuhe, Häkelarbeiten, Perlenstickereien oder Kleidungsstücke. Am meisten wurde meine Arbeit von Crazy-Quilts beeinflusst.» Jane Burch Cochran

Jane Burch Cochran hat ihren eigenen unverkennbaren Quiltstil entwickelt: Ihre Technik ist im viktorianischen Crazy-Quilt verwurzelt, Ausführung und Interpretation sind jedoch die einer zeitgenössischen Künstlerin. Durch das Recyceln von Elementen der Vergangenheit werden die dargestellten Alltagsbilder zu bedeutenden Symbolen, durch einzigartige Stoff- und Farbkombinationen entstehen Kunstwerke der Gegenwart.

«American Childhood war mein erster Quilt mit einem Babykleid. Ich befestigte das Kleid auf dem Hintergrund und begann dann damit zu spielen. Ich liebe Crazy-Patchwork. Manche Künstler lieben die Genauigkeit beim Quiltmachen, alles muss perfekt passen. Ich liebe die Überraschung wenn ich beginne, Dinge zusammenzusetzen. Als ich mit dem Rahmen für das Bild begann, entstand eine Form, die mich an von Kindern gezeichnete Häuser erinnert. Nicht ich erzähle eine Geschichte, diese entsteht ganz von selbst. Ein Kreis wurde zu einem Mond, eine ovale Form zu einem Ei. Die Betrachter können die Bedeutung selbst interpretieren oder einfach die Zusammensetzung von Farben und Formen genießen.» Jane Burch Cochran

Abb. 28: *American Childhood*, Jane Burch Cochran 1995. 134,62 x 106,68 cm; Sammlung Pam Monfort, Foto: Pam Monfort. Stoff, Perlen, Knöpfe, Malereien, altes Babykleid, Handschuhe; maschinengenäht, handappliziert und mit Perlen bestickt, handgearbeitete Perlenstickereien, gequiltet.

«Ich habe mehrere Quilts mit Baby- oder Kinderkleidung genäht. Ich kann mich noch daran erinnern, als ich eine Tasche mit altem Kram und Babykleidern erhielt und ich mir dachte, dass ich diese nie verwenden würde. Nachdem ich einen Kurs über die Fertigung von Mono-Print Abdrücken absolviert hatte, begann ich, mit einem dieser Kleider zu spielen und machte verschiedene Drucke. Mit Kupferfarben gefiel es mir besonders gut, so wurde es zum Ausgangs- und Mittelpunkt des Quilts.

Als ich das Kleid auf roten Brokatstoff legte, begann es zu singen und das Bild entwickelte sich. Ich benutzte auch noch andere gefundene Objekte wie zum Beispiel eine alte Nadeldose mit Perlmutter sowie ein undefinierbares Objekt aus Aluminium, das ich in der Penland School gefunden hatte. Der Titel fiel mir während des Nähens ein, es wurde mir klar, dass der Quilt genau dies bedeutete.

Es ist einer meiner Lieblingsquilts, er hat schon viele Reisen und Ausstellungen hinter sich. Das New England Quilt Museum hat das Bild für ein Kühlschrankmagnet verwendet, das finde ich sehr witzig.» Jane Burch Cochran

Abb. 29: *A Quilt for the child I never had* (links Gesamtbild, rechts Ausschnitte), Jane Burch Cochran 1998. 99,06 x 139,70 cm; Sammlung George Stroemple; Foto: Pam Monfort. Stoff, Babykleid, Handschuhe, gefundene Objekte, Perlen, maschinengenäht, handappliziert, bestickt.

Sophie Gelfi [Frankreich]

«Ein Crazy-Quilt muss nicht unbedingt eine Kopie davon sein, was er im viktorianischen Zeitalter war. Heute stehen uns viel mehr Materialien zur Verfügung, um unserer Kreativität Ausdruck zu verleihen. Crazy-Quilts können zeitgemäß sein und unsere eigene Persönlichkeit widerspiegeln. In Frankreich glaubt man, dass Crazy-Quilts aus Samt und Seide und mit altmodischen Spitzen verziert sein müssen. Meines Erachtens ist jede Art von Stoff und Verschönerung geeignet. Nur weil der Crazy-Quilt vor 150 Jahren erfunden wurde, muss er nicht altmodisch sein.» Sophie Gelfi

Abb. 30: *Crazy Batiks* (Ausschnitt), Sophie Gelfi 2002-2003. Handgenäht und handbestickt, Bänder, Perlen.

Abb. 31: *Crazy Batiks*, Sophie Gelfi 2002-2003. Handgenäht und handbestickt, Bänder, Perlen.

Abb. 32: *Défi Anda*, Sophie Gelfi 2002-2003. Handappliziert und handbestickt, gefärbte Spitzen, Perlen.

Abb. 33: *Défi Anda* (Ausschnitt), Sophie Gelfi 2002-2003. Handappliziert und handbestickt, gefärbte Spitzen, Perlen.

Rita Schaffer [Österreich]

«Als ich den ersten Crazy-Quilt sah, hätte ich nie gedacht, dass mich meine Faszination so weit bringen könnte, ein Buch über diese Technik zu schreiben. Mein erster Eindruck war nämlich, vor einem hässlichen Wirrwarr aus Stoffresten zu stehen. Im Rahmen meiner Ausbildung als Kursleiterin wurde ich jedoch vor die Aufgabe gestellt, über die Entstehung und Fertigung von Crazy-Quilts zu recherchieren. Je mehr ich mich mit diesem Thema befasste, umso mehr wuchs meine Begeisterung und Liebe zu Crazy-Quilts.

Insbesondere faszinieren mich die vielseitigen Gestaltungsmöglichkeiten sowie die Einzigartigkeit von Formen, Farben und Material als Ergebnis der wechselseitigen Beeinflussung von Ost und West. Ich hoffe, dass ich auch Sie mit dieser Begeisterung für Crazy-Quilts anstecken kann.» Rita Schaffer

Abb. 34: *Verrückt, zerbrochen, versunken* (links Gesamtbild, rechts Ausschnitte), Rita Schaffer 2003. 80 x 78 cm, selbstgefärbte Seide, handgenäht, bestickt, mit Spitzen und Perlen verziert.

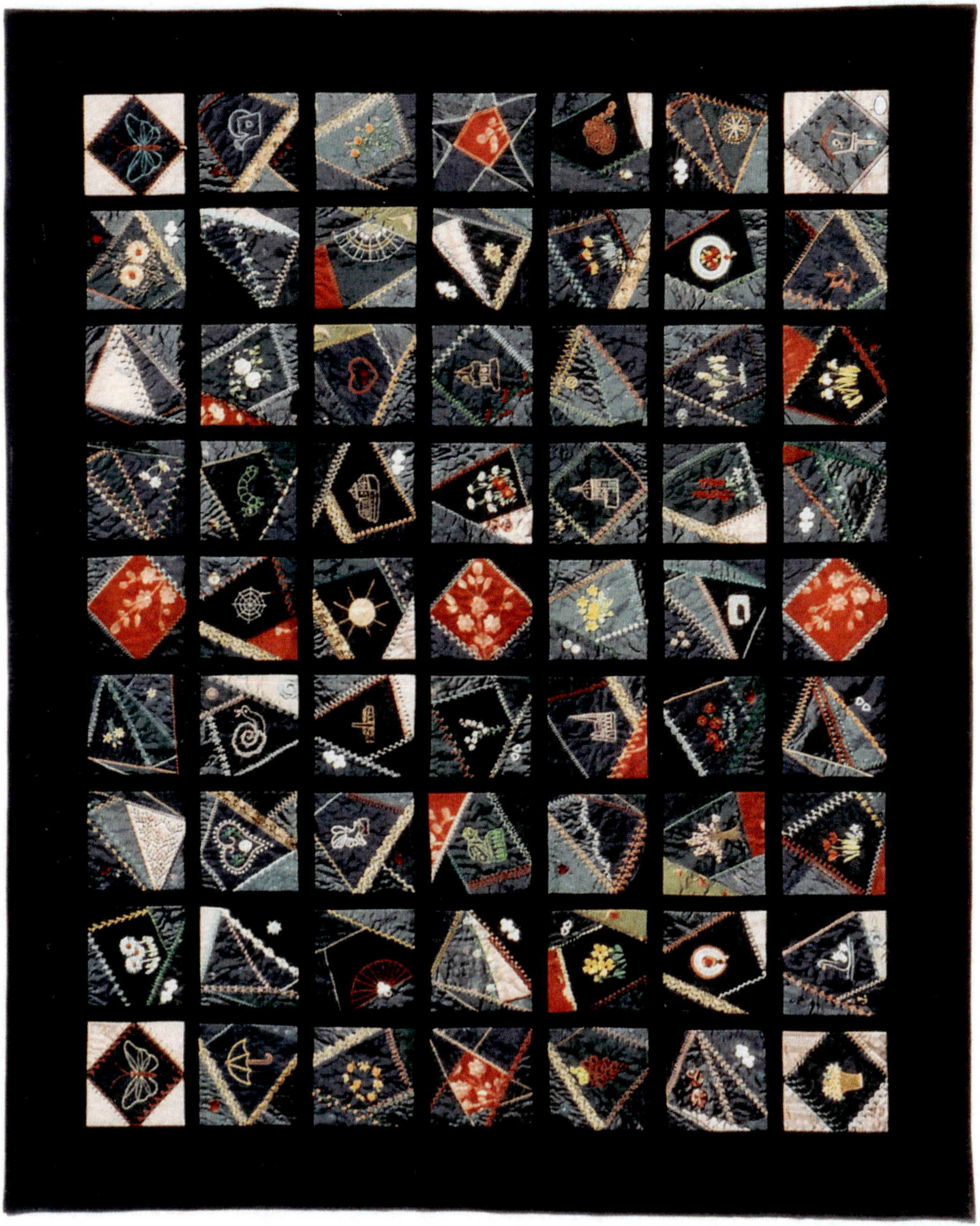

Abb. 35: *Frühling*, Rita Schaffer 2005. 139 x 173 cm, gebrauchte Trachtenseide, maschinengenäht, mit Knopflochseide, Spitzen, Perlen, Seidenbändern und anderen Objekten handbestickt.

Abb. 36: *Sommer*, Rita Schaffer 2004. 149 x 118 cm, gebrauchte Trachtenseide und Velours, maschinengenäht, mit Knopflochseide handbestickt, verschönt mit Knöpfen, Spitzen, Perlen, Seidenbändern und anderen Objekten.

Abb. 37: *Geborgenheit*, Rita Schaffer 2004. 85 x 81 cm, Seidensamtjersey, handgenäht und -bestickt.

Abb. 38: *Reservate*, Rita Schaffer 2004. 56 x 57 cm, Seide, handgenäht, mit Knopflochseide und Perlen bestickt.

Abb. 39: *Land der Berge* (links Ausschnitte, rechts Gesamtbild) Rita Schaffer 2005. 120 x 176 cm, selbstgefärbte Satinstoffe, Swarovskikristalle, bestickt mit Knopflochseide. Dieser Quilt wurde für eine Ausstellung in Japan gefertigt. Die darauf abgebildete österreichische Berg- und Musiklandschaft nähert sich in seiner Einfachkeit, der Nähe zur Natur und der Flächengestaltung der japanischen Philosophie des Wabi-Sabi.

Abb. 40: *Reef* (links Gesamtbild, rechts Ausschnitte), Rita Schaffer 2004. 80 x 74 cm, selbstgefärbte Seide, handbestickt, mit Süsswasserperlen, Pailletten und Knöpfen verschönt.

2005

Abb. 41: *Japanischer Garten* (links Gesamtbild, rechts Ausschnitte) Rita Schaffer 2005. 74 x 52 cm, Baumwollestoffe, mit Knopflochseide bestickt.

[Kostbares Gewebe]

Wie bereits ausgeführt, wurden für Crazy-Quilts meist edle Stoffe wie Samt und Seide verwendet. Da der Seide eine besondere Bedeutung zukommt, geben wir im nachfolgenden Abschnitt ein paar interessante Geschichten über die Seidenherstellung wieder.

Wenn ich nicht sinnen oder dichten soll,
So ist das Leben mir kein Leben mehr.
Verbiete du dem Seidenwurm zu spinnen,
Wenn er sich schon dem Tode näher spinnt:
Das köstliche Geweb' entwickelt er
Aus seinem Innersten, und lässt nicht ab
Bis er in seinen Sarg sich eingeschlossen.
O geb' ein guter Gott uns auch dereinst
Das Schicksal des beneidenswerten Wurms,
Im neuen Sonnental die Flügel rasch
Und freudig zu entfalten!
Goethe

Es war einmal...

...eine chinesische Kaiserin namens Si-Ling-Schi, die an einem glücklichen Tage, bei einem Spaziergang Seidenraupen und Kokons auf den Maulbeerbäumen im kaiserlichen Garten entdeckte. Als aus Versehen ein Kokon in ihre Teetasse fiel, löste sich ein dünner glänzender Faden. Si-Ling-Schi bat ihren Gemahl, den Gelben Kaiser Huang-Ti, der als Begründer der chinesischen Nation angesehen wird, um einen Hain von Maulbeerbäumen, um Seidenraupen zu züchten und kaiserliche Gewänder aus diesen edlen Fasern zu weben. Auch war es ihr ein Anliegen, das chinesische Volk in die zur Seidenherstellung notwendigen Kenntnisse einzuführen.

Diese Legende wird in zahlreichen Versionen erzählt. Obwohl die ersten Seidenfunde in China bereits auf 3000 v.Ch. datiert werden und die Regierungszeit des Gelben Kaisers von ca. 2677-2597 v.Ch. dauerte, spielte Si-Ling-Schi höchst wahrscheinlich eine bedeutende Rolle in der Herstellung von Edelseide.

Seit Beginn der Seidenherstellung hatte die Frau wichtige Funktionen bei der Aufzucht der Raupen und der Weiterverarbeitung des edlen Materials:

In China hatten die «Raupenmütter» genaueste Bedingungen und Vorschriften zu erfüllen: Sie «mussten sanft, ausgeglichen und fröhlich sein. Ihre positive Ausstrahlung entschied ebenso über die Qualität des Seidenfadens wie im negativen Sinn jeglicher Missmut und Ärger».[25] Gleichzeitig hatte die Aufzucht der Raupen eine erstaunliche Erziehungsfunktion: «Nur saubere Hände junger Mädchen und Frauen durften [...] ausgesuchtes Blätterfutter ernten und zubereiten. Ständig waren Aufmerksamkeit, große Geduld und eine behutsame leichte Hand zum Aussortieren schwacher und krankheitsverdächtiger Tiere gefordert. Jede der nach Tausenden zählenden Seidenraupen brauchte eine individuelle Behandlung. Saubere Kleidung war selbstverständlich.»[26]

In den USA war die Popularität der Seidenmanufakturen im 19. Jahrhundert weitgehend dem Engagement der *Women´s Silk Culture Association of the United States* unter der Leitung von Harriet Anne Lucas zu verdanken. Das Ziel dieser Organisation war die Verbreitung von Information über die Zucht von Seidenraupen sowie die Weiterverarbeitung des wertvollen Materials. 1882 fand die erste Seidenmesse statt, auf der die neuesten Methoden und Produkte vorgestellt wurden. Die Seidenherstellung war jedoch sehr aufwändig und intensiv. Harte Winter und Krankheiten zerstörten schließlich den Großteil der heimischen Produktion. In dieser Zeit wurden auch die ersten Textilien aus Kunstfasern hergestellt, die einen Teil der Seidenindustrie verdrängten. Dazu kam, dass die Öffnung Japans den Import japanischer Seide, deren vielfarbige Muster von ungewöhnlicher Wirkung im Westen begeistert aufgenommen wurde, vereinfachte.

Gertrude Rapp

Gertrude Rapp (1808-1889), Enkeltochter des Gründers der deutsch-lutheranischen Glaubensgemeinschaft der Harmonisten hatte 1827 die Idee, die Seidenraupenzucht nach Economy, Pennsylvania, zu bringen. Sie besorgte sich Publikationen aus England, Deutschland und Frankreich und lud europäische Spezialisten ein, um mehr über den Prozess der Seidenfabrikation zu lernen. Innerhalb von wenigen Jahren schafften es die Harmonisten, jährlich 5000-6000 Pfund Kokons höchster Qualität zu züchten. In den 40er Jahren erreichte die Seidenproduktion in Economy ihren Höhepunkt. Danach verließen immer mehr Harmonisten die Gemeinschaft und folglich ging auch die Seidenproduktion stark zurück. 1905 wurde die Religionsgemeinschaft der Harmonisten offiziell aufgelöst.

Abb. 42: Gefärbte und bestickte Kokons (links), naturbelassene Kokons (rechts). Seidenkokons werden als Glücksbringer betrachtet. Früher galten Seidenkokons als wertlos und wurden von Frauen, die sich keine teuren Seidenstoffe leisten konnten, verwendet.

[Oberfläche und Symbol]

«Alle Kunst ist zugleich Oberfläche und Symbol.
Wer unter die Haut dringt, tut es auf eigne Gefahr.
Wer dem Symbol nachgeht, tut es auf eigne Gefahr.»
Oscar Wilde

Auf Crazy-Quilts sind zahlreiche Symbole zu finden. Oft wurden diese mit japanischen Motiven wie Fächern, Kranichen, Insekten, Schmetterlingen oder Vögeln bestickt oder bemalt. Ebenfalls sehr beliebt waren gestickte Kinderbuchillustrationen von Kate Greenaway sowie Blumenmotive. Auch Stickereien mit Pferden schmückten viele Crazy-Quilts, der Reitsport war Ende des 19. Jahrhunderts ein beliebtes Freizeitvergnügen der Reichen. Im nachfolgenden Abschnitt bringen wir Ihnen den Ursprung und die Bedeutung der wichtigsten dieser Symbole, die zahlreiche Möglichkeiten der Oberflächengestaltung bieten, anhand von Mythen und Legenden näher.

Die Weltenweberin

Die Metapher der Spinne spiegelt in zahlreichen Mythen Ansichten, Erfahrungen und Lebensweisheiten unterschiedlicher Kulturen wider. Meist tritt die Spinne als weibliche Figur auf, häufig wird sie zum Sinnbild der Schöpferin, Schicksalsgöttin, Todesbotin und Glücksbringerin. Doch sie ist auch als männliche, oft furchterregende Figur zu finden.

Gefängnis oder Freiheit?

In germanischen Mythen ist die Spinne als Schicksalsgöttin in der Gestalt der drei Nornen, welche an den Wurzeln des Weltenbaumes hausen, wiederzufinden: Urd, die erste Norne spinnt den Lebensfaden, die zweite Norne, Werdandi, webt das Schicksalsnetz des Menschen und Skuld, die Dritte, schneidet den Lebensfaden ab.

Der römische Dichter Ovid erzählt in seinen *Metamorphosen* die Geschichte der hochmütigen Teppichweberin Arachne, Tochter eines lydischen Purpurfärbers, welche die griechische Göttin Athene zu einem Wettstreit herausforderte, um ihre Webkünste zu beweisen. Die Darstellung der Liebesabenteuer der Götter und deren Übeltaten gegenüber den Menschen auf den von Arachne gewebten Werken erzürnte Athene so sehr, dass sie diese zerstörte. Daraufhin versuchte Arachne, sich mit einem Strick das Leben zu nehmen, Athene verwandelte diesen jedoch in ein Netz und die lydische Teppichweberin in eine Spinne. Arachne hat trotz der auferlegten Strafe die Möglichkeit, ihre Webkunst fortzusetzen und ihre eigenen Gedanken zu spinnen. Sie symbolisiert nicht nur Prädestination und die Verflechtung verschiedener Realitäten sondern auch Kreativität.

Wie die Teppichweberin Arachne, war die Frau im viktorianischen Zeitalter eine Gefangene ihres Schicksals und der sozialen Zwänge, die versuchte, ihre eigene Wirklichkeit zu weben und einzutauchen in die Unendlichkeit der individuellen Freiheit. Wie bereits erwähnt, ist der Crazy-Quilt

Ausdruck und Spiegel dieser Situation: die Suche nach Handlungsfreiheit innerhalb der erlaubten Grenzen.

In der indischen Philosophie der Brahmanen gilt das Spinnennetz als Sinnbild der kosmischen Ordnung. Die achtbeinige Spinne im Mittelpunkt des Gewebes symbolisiert die Unendlichkeit und die grenzenlosen Möglichkeiten als Wesensmerkmal des Ganzen. Auch der Mensch steht im Zentrum und webt seine eigene Wirklichkeit in der er sich, wie die Spinne im Netz, frei bewegen kann. Die Spinnenmetapher steht hier für die Entscheidungsfreiheit des Menschen.

Abb. 43: Lebensfaden. Das Gewordene, das Seiende, das Werdende. Rita Schaffer 2005. 50 x 50 cm, selbstgefärbte Baumwolle und Seide, mit Knofplochseide bestickt.

Wissen und Weisheit

Der Spinnenmann Anansi ist eine der bekanntesten Figuren westafrikanischer Mythen. Anansi sammelte das Wissen der ganzen Welt in einer Kalebasse. Er band sich diese um den Bauch, um auf einen Baum zu klettern und für sich allein zu verstecken, was ihm jedoch nicht gelang. Sein kleiner Sohn beobachtete ihn und fragte ihn, warum er sich die Kalebasse nicht auf den Rücken binde. So tat er dies und konnte nunmehr ungehindert auf den Baum klettern. Doch als er sein Ziel erreicht hatte, wurde ihm klar, dass sogar sein kleiner Sohn weiser war als er selbst. Daraufhin schüttete er den Inhalt der Kalebasse wieder aus und das Wissen verbreitete sich auf der ganzen Welt.

In anderen Mythen ist der gesponnene Faden als Wegweiser und Hilfe für sich in Gefahr befindende Helden zu finden: Ariadne, die Tochter des Königs Minos von Kreta hilft ihrem geliebten Theseus mit einem Fadenknäuel aus dem Labyrinth des Minotaurus zu entkommen.

In der aktuellen, technikgeprägten Sprache wird das englische Wort für Spinne, *spider,* für ein Programm, das Information und Wissen im Internet - dem Netz der Netze - sucht, um diese der Allgemeinheit zur Verfügung zu stellen, ein Beispiel für vernetztes Denken im Gegensatz zur linearkausalen Welt.

Abb. 44: Bernsteinbrosche, Anfang 20. Jahrhundert, Privatbesitz.

Traumfänger

In verschiedenen indianischen Legenden ist das Spinnennetz als Traumfänger zu finden. Es handelt sich hier um einen hölzernen Reifen mit Geflecht, verziert mit Perlen, Federn, Pferdehaaren und anderem Schmuck. Dieser Traumfänger wird über dem Ruheort aufgehängt, damit die bösen Träume durchschlüpfen und die guten im Netz hängen bleiben.

Auch der Crazy-Quilt übernimmt oft die Funktion eines Traumfängers, in welchem Frauen ihre Vergangenheit, Gegenwart und Zukunft verarbeiten und wichtige Ereignisse, Erinnerungen, Hoffnungen und Träume festhalten.

«Du weißt, Bruder,
dass mir auf diesem weiten Erdenrund
kein Geschöpf so zuwider ist,
als eine Spinne und ein altes Weib.»
Friedrich Schiller, Die Räuber

Furcht und Schrecken

Viele denken an Spinnen mit Angst und Abscheu. Auch in verschiedenen Mythen begegnen wir furchterregenden Spinnentieren. So wird in einer japanischen Legende von der schrecklichen Erdspinne Tsuchigumo berichtet, die versucht, den mutigen Krieger Raiko im Schlaf zu überwältigen, schließlich jedoch von diesem besiegt wird. Im Mittelalter galt die Spinne, da sie weibliche Macht symbolisierte, als Hexentier. Nur die Kreuzspinne, war dank des weißen Kreuzes auf ihrem Rücken ein gutes Omen. Der Grund für die Furcht vor Spinnen kann durch deren Verhalten erklärt werden: Sie lauern geduldig in ihrem Netz, bis sich ihre Beute darin verfängt und töten diese dann mit einem giftigen Biss. Spinnentiere treten plötzlich und unerwar-tet auf, ihre Bewegungen sind schnell und unvorhersagbar.

Spinnen und ihre Fanggewebe waren auf viktorianischen Crazy-Quilts ein sehr beliebtes Motiv und Element zur Flächengestaltung. Dazu haben sicher auch der Einfluss der japanischen Kunst, in der die Abbildung von Insekten häufig als Allegorie verwendet wird, sowie die nach der Veröffentlichung Charles Darwins Abhandlung «Über die Entstehung der Arten durch natürliche Auslese» neu geweckte Liebe zur Natur einiges beigetragen.

Glücksbringer, Sinnbild für Fleiß und Zielstrebigkeit oder Symbol für die Frau als Schöpferin und Weberin ihres Schicksals? Wir laden Sie ein, diese Gedankenfäden selbst weiterzuspinnen und Ihr eigenes Netz zu weben.

Der Fächer

Dieser ursprünglich aus China stammende Frischespender gilt im Fernen Osten als Symbol für Bewegung, Verwandlung und Leben. Er entwickelte sich zunehmend von einem einfachen Gebrauchsgegenstand in ein kostbares Schmuckstück aus edlen Materialien wie Perlmutt, Elfenbein oder Schildpatt, verziert mit Gold, Silber und wertvollen Edelsteinen.

In der japanischen Gesellschaft und Kultur spielt der Fächer eine wichtige Rolle. In der Kunst ist er nicht nur ein beliebtes Motiv sondern gleichzeitig ein Bildformat, das eine besondere kompositorische Herausforderung darstellt. In der zweiten Hälfte des 19. Jahrhunderts war das Malen von Fächern auch im Westen überaus populär: Meister wie Edouard Manet, Edgar Degas, Camille Pissarro, Paul Gauguin und Henri de Toulouse-Lautrec verwendeten Fächer als Gestaltungselement und eigenständiges Format.

Auf viktorianischen Crazy-Quilts wurde der Fächer häufig als flächendeckendes Element und Rahmen, der dem Werk Einheit und Zusammenhalt verleiht, verwendet.

Abb. 45: Japanischer Farbholzschnitt von Keisai Eisen, Serie *Modern Pine Needles,* Mitte-Ende 1820. Verleger: Joshuya Kinzo. [Mit freundlicher Genehmigung von Prints of Japan]

Abb. 46 (links): Noh-Kostüm für Frauenrollen in *Nuihaku*[27]-Technik mit dekorativen Stickereien und Goldblattaufdruck. Stoffe mit Wassermotiven, Fächer bestickt mit Pflanzen und Blumen. Späte Edo-Periode, Ende 19. Jahrhundert. [Mit freundlicher Genehmigung der Marubeni Privatsammlung]

Durch die Blume

Die Schönheit und Vergänglichkeit einer zarten Blüte, die Farbkraft und der Duft einer einzigartigen Blume: Sie wirken bezaubernd, beflügeln und waren schon immer eine vielfältige Inspirationsquelle für Künstler.

Mythen und Legenden verschiedenster Kulturen und Religionen trugen zur Entwicklung einer Blumensprache bei, die im 19. Jahrhundert ihre Blütezeit erreichte. Die Reiseberichte über die Türkei und Asien von Lady Mary Wortley Montagu und Aubry de la Mottraye waren grundlegend für zahlreiche weitere Publikationen und die Verbreitung der Blumensprache. Vor allem von Schriftstellern, Malern und Designern wurde diese Sprache in ihren Werken benutzt. Auch zwischen Liebenden sollen Gefühle «durch die Blume» ausgedrückt worden sein, da dies meist leichter war, als diese direkt offen zu legen. Allerdings gibt es über diese Art von Kommunikation nur sehr wenig Literatur.

Fast alle Blumen versinnbildlichen Gefühle oder Charaktereigenschaften: So steht das Veilchen für die geheime Liebe, das Schneeglöckchen für Trost, die Wicke für Zärtlichkeit, die Lilie für Glauben und Reinheit, die Ringelblume für Klugheit. Manche Blumen, wie etwa Vergissmeinnicht, Klatschrose oder Männertreu, geben ihre Bedeutung bereits durch ihren Namen preis.

Auf Crazy-Quilts waren gestickte oder auch gemalte Blumen beliebte flächenfüllende Motive.

Rote Rosen

In griechischen Mythen wird erzählt, dass die Göttin Aphrodite aus dem Schaum des Meeres geboren wurde, der sich in weiße Rosen verwandelte. Weiße Rosen symbolisieren deshalb die Unschuld und Reinheit der Liebe. Aphrodite betrog ihren Ehemann Ares mit dem schönen Adonis, der aus Rache von diesem getötet wurde. Als Aphrodite zu dem sterbenden Adonis eilte trat sie aus Versehen in die Dornen des Rosenstrauches, der durch ihr Blut rot gefärbt wurde. Rote Rosen wurden so zum Sinnbild für Leidenschaft und Begierde.

Perlen

Perlen gelten seit Jahrtausenden als Symbol für Glück und Wohlstand, Unschuld und Reinheit, Weisheit, sinnliche Schönheit und Vollkommenheit. In Griechenland wurden Salzwasserperlen als Tau des Mondes und Geschenk der Liebesgöttin Aphrodite betrachtet. Dieser Mythos wurde von den Römern, bei denen die Perle als Frucht der Venus gilt, übernommen. Homer bezeichnet die kostbaren Schmuckstücke als «Tränen des Ozeans». In China symbolisiert die Perle Weisheit, Macht und Unsterblichkeit. Auch Kunstperlen, die in allen Farben und Formen und aus den verschiedensten Materialien hergestellt werden, waren bereits im Altertum beliebte Schmuckstücke und Zahlungsmittel.

Bei seiner dritten Amerikareise wurde Kolumbus bei seiner Ankunft an der venezolanischen Küste reichlich mit Perlen beschenkt. Perlen wurden zu einem der begehrtesten Handelsgütern der neuen Welt. Eine der schönsten und größten Perlen mit einer nahezu perfekten Tropfenform, *La Peregrina*, die der Amerikafahrer Diego Temes vom Golf von Panamá als Geschenk für Philipp II mitgebracht hatte,

ging durch verschiedenste Hände bis sie schließlich von Richard Burton ersteigert wurde, der sie seiner Frau Elizabeth Taylor schenkte. «Später wurde die *Peregrina* vom Hund der Diva verschluckt. Als sie nach der zweiten Abenteuerreise erneut das Licht der Welt erblickte, hatte sie einen großen Teil ihres Gewichts und allen Glanz verloren.»[28]

Salzwasserperlen waren wegen ihrer Seltenheit und aufgrund des schwierigen Perlenfangs lange der oberen Gesellschaftsschicht vorbehalten. Erst nachdem japanische Forscher am Ende des 19. Jahrhunderts eine Methode entdeckten, mit der künstliche Perlen durch das Einsetzen eines Fremdkörpers in das Muschelfleisch hergestellt werden konnten, wurden Perlen wesentlich preiswerter.

In Ägypten sollten die kleinen Schmuckstücke das Unglück fernhalten und die Götter wohlwollend stimmen. Das altägyptische Wort für Perle *sha sha* ist zurückzuführen auf *sha,* dem Ausdruck für Glück[29]. Viele ägyptische Perlen wurden aus einer grünlich-blauen Glasur, die Fayence genannt wird, hergestellt. In der spätägyptischen Periode wurden diese Perlen hauptsächlich als Grabbeigabe verwendet, die den Toten im Jenseits Wohlstand und Glück bringen sollten.

Die Akoriperlen waren bei zahlreichen Naturvölkern Westafrikas wertvoller Schmuck und beliebtes Zahlungsmittel. Diese farbigen Glasperlen kamen vermutlich ursprünglich aus Ägypten und Phönizien, später wurden sie in großer Zahl in Venedig, Amsterdam und Gablonz zu Handelszwecken hergestellt. Anfangs waren die bunten Kostbarkeiten der aristokratischen Oberschicht vorbehalten, schließlich konnten damit jedoch auch Abgaben, Strafen und sogar die Aussteuer bezahlt werden.

Perlen aller Art werden seit der Wiederbelebung der Crazy-Technik in den 80er Jahren des 20. Jahrhunderts großzügig verwendet, da sie zahlreiche Gestaltungsmöglichkeiten bieten. Sie können in Verbindung mit Zierstichen, Knöpfen und Pailletten oder auch flächendeckend verarbeitet werden.

Pailletten

Im Mittelalter wurden die kleinen Zierplättchen aus trockenen Grashalmen gefertigt, daher auch ihr Name, der auf das französische Wort *paille*, das Stroh bedeutet, zurückzuführen ist.

Das englische Wort für runde Glitzerstückchen, *sequins*, ist abzuleiten von dem italienischen Ausdruck *zecchino*. Diese italienischen Goldmünzen wurden im 16. Jahrhundert als Schmuckstücke auf elegante Kleider reicher Damen genäht.

Knöpfe

Knöpfe waren reine Schmuckstücke, bis im 13. Jahrhundert das Knopfloch erfunden wurde. Diese Erfindung war maßgebend für die Modewelt: Mit ihr wurde das Abnehmen der Ärmel sowie die Fertigung von eng anliegenden, festlichen Damenkleidern ermöglicht.

Knöpfe «repräsentieren die Sehnsucht, etwas Außergewöhnliches im Alltäglichen zu finden»[30]. Ebenso wie Pailletten bieten Knöpfe zahlreiche Gestaltungsmöglichkeiten auf Crazy-Quilts.

[Grundtechniken]

Im folgenden Abschnitt erfahren Sie mehr über Material und Werkzeug, das Sie zur Herstellung von Crazy-Quilts benötigen. Anhand verschiedener Schritt-für-Schritt-Anleitungen stellen wir Ihnen die wichtigsten Techniken und Gestaltungsmöglichkeiten vor, mit welchen Sie sowohl traditionelle als auch moderne Wandbehänge, Decken, Kissen und andere Objekte auf einfache Art herstellen können.

Im Anschluss daran finden Sie verschiedene Crazy-Projekte mit Anleitungen und Vorlagen. Wir versuchen, Ihnen Ideen und Anregungen zu geben, damit Sie dann die zahlreichen Möglichkeiten der unterschiedlichen Crazy-Techniken selbst entdecken können.

In einem weiteren Abschnitt werden die wichtigsten Stickstiche und Möglichkeiten zur Verzierung der Quilts durch Perlen, Pailletten und Knöpfe vorgestellt.

[Material und Werkzeug]

Stoff

Baumwolle, Seide, Samt, Brokatstoffe oder andere Stoffe Ihrer Wahl sind geeignet.

Feine, durchsichtige Stoffe wie Organza oder Netzgewebe wie Mull und Tüll können für Spezialeffekte flächendeckend eingesetzt werden (Abb. 33).

! Beachten Sie bei der Stoffwahl, dass feste Stoffe schwieriger zum Besticken sind.

Billige Seide kann sich beim Aufbügeln verziehen oder auch schrumpfen. Sie sollten vor Verwendung eine Bügelprobe durchführen.

Meist sind Crazy-Quilts reine Ziergegenstände und werden nicht gewaschen. Wenn Sie einen Gebrauchs-Crazy fertigen, der waschbar sein soll, sollten Sie entsprechende Stoffe wählen und diese vor Verwendung waschen und bügeln.

Unterstoff

Normalerweise werden die Einzelteile von Crazy-Quilts auf einen Unterstoff genäht. Am besten eignen sich dazu Stoffe wie Nessel, Musselin oder Leinen. Sie können auch feste Seide verwenden, wobei dies natürlich mit höheren Kosten verbunden ist. Dünne Seide ist kaum geeignet, da sie zu glatt und unstabil ist.

Für Anfänger empfehlen wir als Unterstoff Leinen oder ein dünnes, aufbügelbares Vlies (z.B. FREUDENBERG Volumenvlies H 630). Letzteres hat gegenüber anderen Unterstoffen den Vorteil, dass sich die Stickstiche weniger verziehen und der Quilt stabil und schön glatt wird.

Dicke Vliese sind als Unterstoff nicht zu empfehlen, da das Sticken schwieriger ist und der Quilt zu steif wird.

Eine Ausnahme haben wir bei den Crazy-Broschen (Abb. 118) gemacht, da es sich hier nur um eine sehr kleine Stickfläche handelt und so das Schmuckstück fest wird, ohne dass ein weiterer Unterstoff verwendet werden muss. Hier haben wir *fast2fuse*, ein sehr dickes beidseitig aufbügelbares Vlies verwendet. Dieses Vlies wird normalerweise als festigende Einlage, wie bei der Schale (Abb. 134), verwendet. Sie können auch Timtex verwenden, wobei dieses aufbügelbare Vlies noch etwas steifer als *fast2fuse* ist. Beide Produkte sind in Patchworkfachgeschäften erhältlich.

Rückseitenstoff

Für die Rückseite des Quilts können Sie Baumwolle, Seide oder andere Stoffe Ihrer Wahl verwenden.

Stickvlies

Wenn Sie Ihren Crazy mit der Nähmaschine besticken, benötigen Sie ein spezielles Stickvlies als Stabilisator, das nach dem Sticken ausgerissen werden kann (z.B. SULKY Tear Easy oder FREUDENBERG Vlieseline Fixier-Stickvlies).

Volumenvlies zum Wattieren

Für Crazy-Quilts, die nicht gequiltet, sondern nur geknotet werden, empfehlen wir synthetische Vliese. Sehr gut geeignet sind z.B. die Vliese Freudenberg 248, 280 (90 cm breit) oder Freudenberg 249, 281 (150 cm breit).

Nadeln

Sie benötigen Nähnadeln, Sticknadeln, Aufreihnadeln für Perlen sowie Stecknadeln (Abb. 47).

Zum Sticken werden spitze Sticknadeln verwendet. Bei der Auswahl der Größe sollte beachtet werden, dass sich das Garn oder Seidenband leicht einfädeln lässt. Für das Umschlingen von Stickstichen eignen sich besser stumpfe Sticknadeln.

Für Perlen und Stäbchenperlen gibt es dünne, lange Aufreihnadeln.

Stick- und Perlnadeln von PRYM oder anderen handelsüblichen Marken sind in Kaufhäusern und Handarbeitsgeschäften erhältlich.

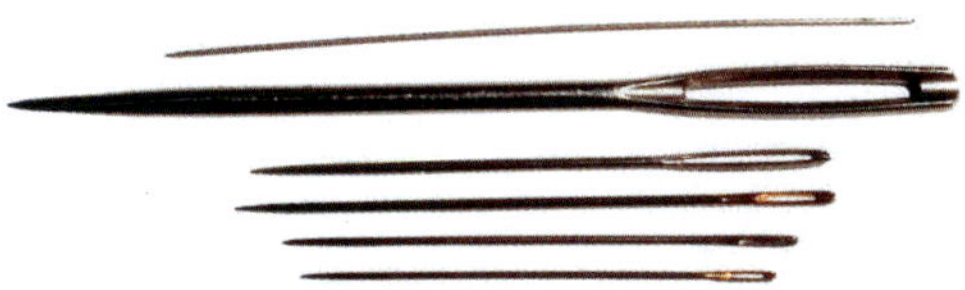

Abb. 47: Verschiedene Näh- und Sticknadeln

Garne

Zum Handsticken eignen sich Sticktwist (teilbar und deshalb auch für feine Stickereien gut geeignet), Perlgarn, Knopflochseide, Baumwollgarne, Stickwolle, Effekt- und Metallicgarne sowie Seidenbänder (Abb. 48).

Die meisten Stickgarne können Sie im Kaufhaus oder in Handarbeitsgeschäften finden. Seidenbänder sind meist nur in Patchwork- oder Stickfachgeschäften erhältlich.

Für das Sticken mit der Nähmaschine gibt es spezielle Stickgarne von verschiedenen Herstellern.

Rahmen

Professionelle Stickerinnen verwenden meistens Stickrahmen, wir bevorzugen jedoch, die Crazy-Nähte ohne Rahmen zu besticken. Am besten experimentieren Sie selbst, wie es für Sie am einfachsten ist.

Wenn Perlen und Pailletten verwendet werden ist das Einlegen in einen Rahmen nicht mehr möglich.

Motive die eingesetzt werden, sind meist einfacher im Rahmen zu sticken. Wenn es sich um kleine Stickflächen handelt, kann der Stoff mit Nesselstreifen so vergrößert werden, dass er gut in den Rahmen passt (siehe S. 80).

Es können sowohl runde (Abb. 67) als auch eckige Rahmen (Abb. 48) verwendet werden, wobei der Stoff bei runden Rahmen eingespannt und bei eckigen Rahmen mit Heftzwecken befestigt wird. Bei runden Holzrahmen wird der innere Rahmen mit einem Gewebeband (Apotheke) umwickelt.

Abb. 48: Eckiger Holzstickrahmen, in der Mitte verschiedene Garne und Knöpfe

Abb. 49: Pailletten und Perlen in verschiedenen Farben und Formen

Zur Verschönerung der Quilts

• Perlen und Pailletten

Sehr vielseitig sind Glasperlen oder -stifte, insbesondere Rocailles, die in allen Farben und Größen erhältlich sind. Swarovskiperlen verleihen dem Quilt einen besonders schönen Glanz (Abb. 49).

Natürlich können sie auch Metallperlen, Samenperlen, kleine Edelsteine, Süßwasserperlen oder kleine Muscheln verwenden.

Auch Pailletten sind in allen Farben und Formen, einzeln oder als Bänder erhältlich.

• Knöpfe und Nieten

• Bordüren und Spitzen

! Überprüfen Sie die Spitzen vor Verwendung auf ihre Bügelfestigkeit!

• Sisha-Spiegel (Abb. 55 und 56)

• Verschiedene Objekte

Andenken, alter Modeschmuck, antike Spitzen oder Häkeleien, sogar Drähte oder Dosenlaschen (Abb. 50) können Ihren Quilt verschönern. Geben Sie alten Dingen auf Ihrem Crazy-Quilt neuen Sinn.

Abb. 50: Mit Perlen verzierte Dosenlaschen

Abb. 51: Fertig gekaufte Paillettenblume
Abb. 52: Fertig gekaufte Perlenblume

Abb. 53: Fertig gekaufte Häkelblume
Abb. 54: Muschelanhänger

Abb. 55: Shisha-Spiegel
Abb. 56: umhäkelter Sisha-Spiegel

• Bilder und Schriften

In traditionellen Crazy-Quilts werden oft fertige Stoffbildchen (*Cigarette Silks*, Abb. 19) verwendet, die in Patchworkfachgeschäften erhältlich sind.

Für die Übertragung eigener Fotos oder Schriften auf Stoff gibt es verschiedene Methoden:

In Patchworkfachgeschäften sind fertige Stoffdruckpackungen erhältlich, mit welchen das Foto mit einem Tintenstrahldrucker auf den Stoff übertragen werden kann (z.B. June

Tailer Colorfast, EQ Inkjet Fabric Sheets oder Miracle Fabric Sheets).

Sie können den bedruckbaren Stoff auch selbst vorbereiten. Dazu benötigen Sie ein spezielles Imprägniermittel (z.B. Bubblejet) und Freezerpapier. Beide Produkte sind in Patchworkfachgeschäften erhältlich.

Die beschichtete Seite des Freezerpapiers kann aufgebügelt und wieder einfach abgezogen werden, ohne dass Kleberückstände zurückbleiben. Deshalb eignet sich dieses Papier, das übrigens in den USA als Frischhaltepapier verwendet wird, hervorragend zur Herstellung von Druckbögen oder Schablonen.

Behandeln Sie den gewünschten Stoff mit dem Imprägniermittel und bügeln Sie diesen anschließend auf Freezerpapier. Bringen Sie dann den Stoff in DIN A4 Größe. Sie können den fertigen Stoffdruckbogen in den Papiereinzug des Tintenstrahldruckers legen und ein beliebiges Motiv aufdrucken.

Sie können auch ganz einfach in einem Copycenter ein Foto auf den gewünschten Stoff übertragen lassen (Abb. 37).

Natürlich gibt es zahlreiche weitere Methoden für die Bildübertragung oder die Herstellung von Schriften wie z.B. Bügeltransferfarben, Transferfolie, Siebdruck oder Ätzdruck. Diese Methoden zu erklären würde jedoch den Rahmen dieses Buches sprengen.

Für die Herstellung von Schablonen

- Zeichenpapier, Transparentpapier, kariertes oder Millimeterpapier, Karton.

- Eventuell Freezerpapier oder Sulky Totally Stable (aufbügelbares Vlies, das ohne Kleberückstände abgezogen werden kann).

Arbeitshilfen

- Schneidematte, Rollschneider und Omnigridlineal

Abb. 57: Schneidematte, Rollschneider, Omnigridlineal

- Papierschere, Stoffschere

- Spitze, kleine Stickschere, Applikationsschere, wenn oft appliziert wird

Abb. 58: Stickschere

- Markierhilfen: Kreidestift, Kreiderädchen oder Druckstift mit Kreidemine.

- Fingerhut, Einfädler

- Lupe bzw. Lupenleuchte für sehr feine Stickereien, Tageslichtleuchte

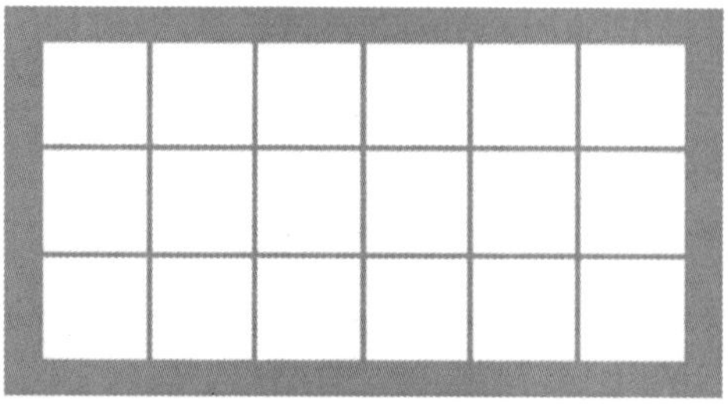

Abb. 59: Beispiele Abb. 2, 14, 16, 27

Abb. 60: Beispiele Abb. 35, 36

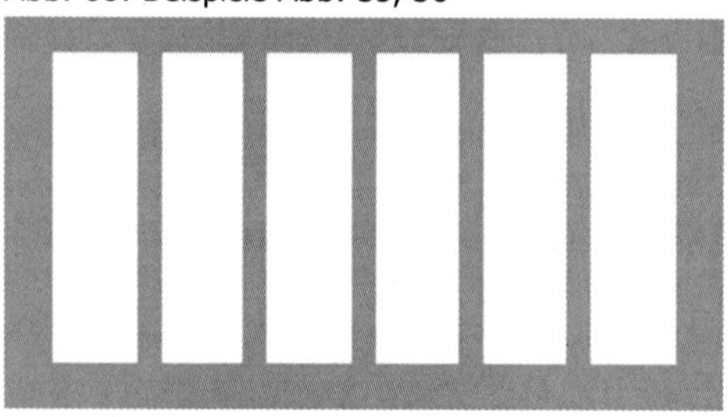

Abb. 61: Beispiel Abb. 3

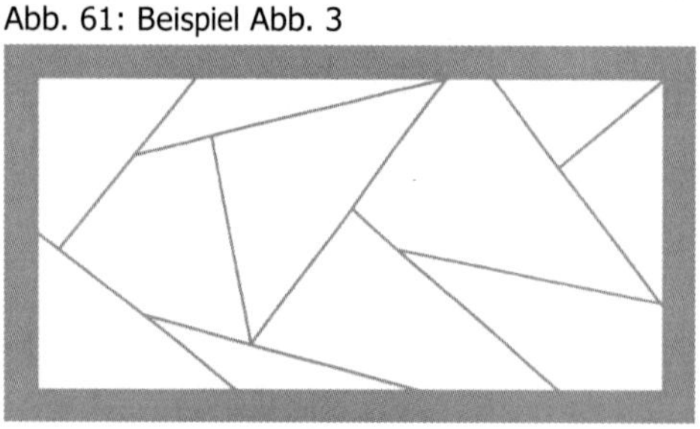

Abb. 62: Beispiele Abb. 18, 24

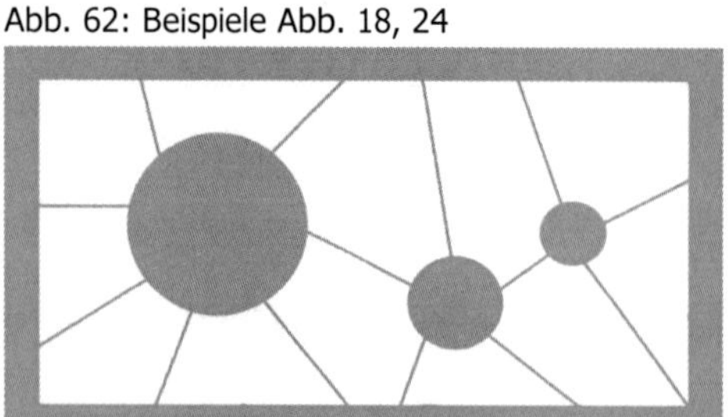

Abb. 63: Beispiele Abb. 34, 37, 41

[Gestaltungsmöglichkeiten]

Für Gestaltung und Ausführung eines Crazy-Quilts gibt es verschiedene Möglichkeiten:

Gemischte Methode: Maschinengenäht und handbestickt.

Handmethode: Handgenäht und -bestickt.

Maschinennähmethode: Maschinengenäht und maschinenbestickt.

Der Crazy kann in Blöcken (Abb. 59 und 60), in Streifen (Abb. 61), ungeplant (Abb. 62) oder nach einer exakten Vorlage (Abb. 63) genäht werden.

[Gemischte Methode]

Beispiel: Minicrazy aus einem Block
(14 x 14 cm*, Abb. 82)

1.Material

- 15 x 15 cm Leinen als Unterstoff
- 14 x 14 cm dünnes Vlies (Wattierung)
- 20 x 110 cm Stoff für Rückseite, Randstreifen und Aufhängetunnel
- 5 verschiedene Seidenreste
- passendes Nähgarn, Quiltfaden
- Stickgarn in verschiedenen Farben
- ca. 1 m gelbes Seidenband, 4 mm breit
- Perlen, Knopf
- Rundhölzchen (Rosenholz für die Nagelpflege aus der Drogerie oder Rundholzstäbchen mit ca. 4-5 mm Durchmesser und 5-10 cm Länge aus dem Baumarkt, eventuell können Sie auch einen dünnen Bleistift verwenden).

! *Alle Angaben sind in cm. Die Nahtzugabe beträgt normalerweise 0,75 cm bzw. 1/4 inch (Füßchenbreite).

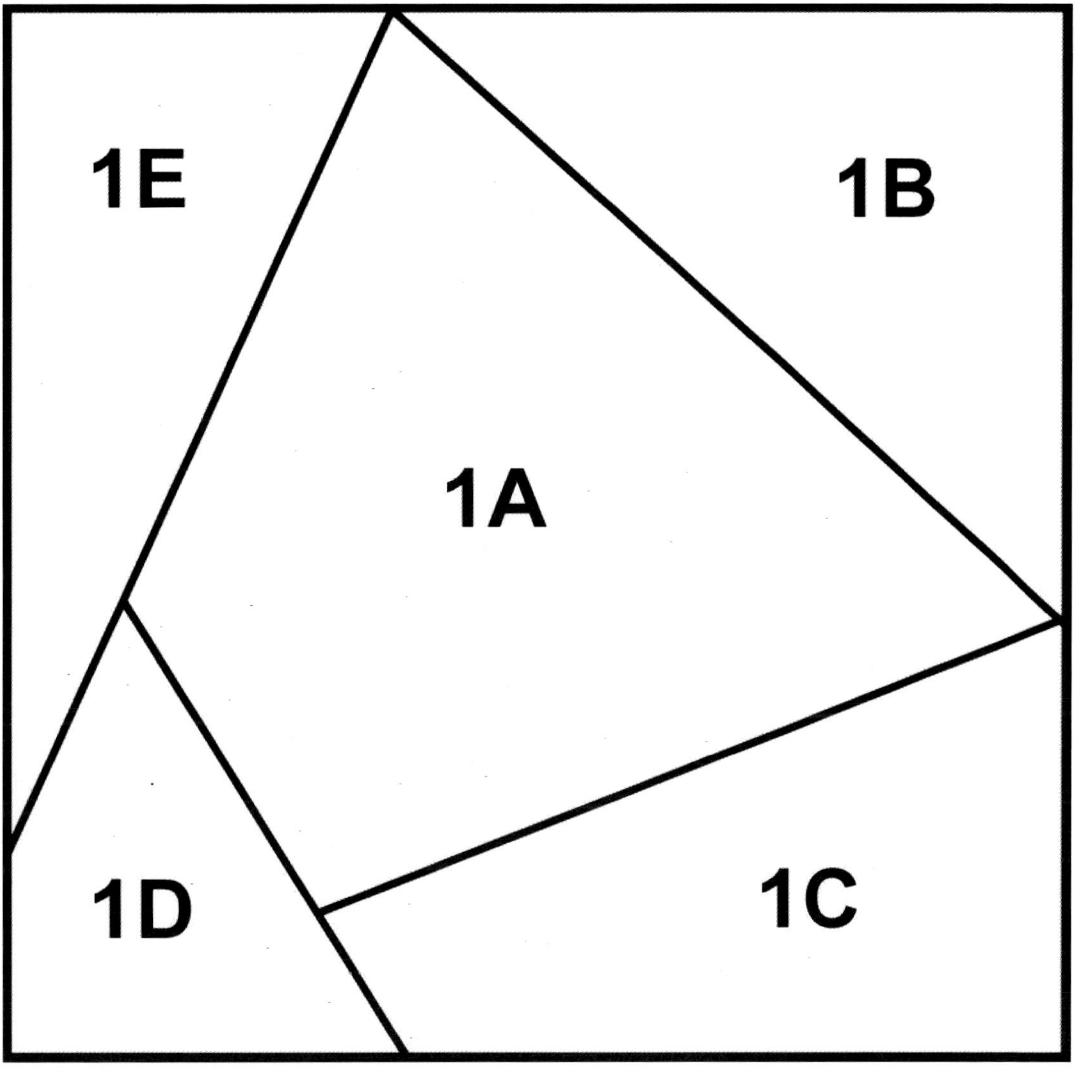

Abb. 64: Vorlage für Minicrazy (Originalgröße)

2. Ausführung

1. Schritt: Herstellung von Schablonen

• Übertragen Sie die Vorlage (Abb. 64) auf Papier und schneiden Sie die Einzelteile aus. Kleben Sie diese auf Karton und zeichnen Sie auf allen Seiten die entsprechende Nahtzugabe ein. Anschließend schneiden Sie die Kartonschablonen aus (Abb. 65).

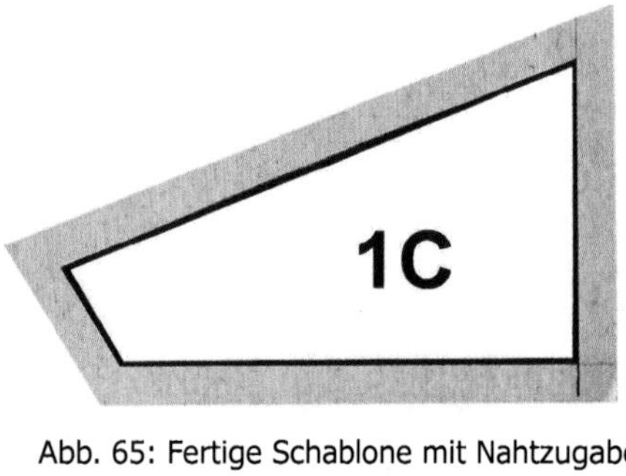

Abb. 65: Fertige Schablone mit Nahtzugabe

2. Schritt: Zuschneiden

• Zeichnen Sie die Umrisse der 5 Schablonen mit einem Kreidestift auf die gewählten Stoffe und schneiden Sie diese mit Lineal und Rollschneider zu.

• Als Unterstoff schneiden Sie ein 15 x 15 cm großes Quadrat aus Leinen zu und versäubern dieses mit der Maschine im Zickzackstich (Abb. 66).

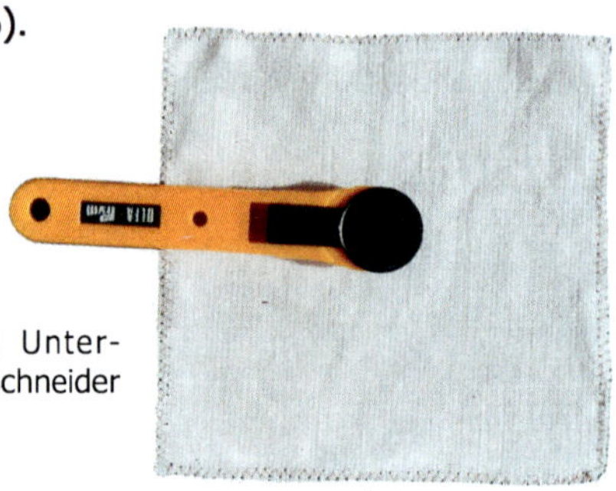

Abb. 66: Unterstoff, Rollschneider

3. Schritt: Nähen und Sticken des Blocks

• Legen Sie Teil 1A entsprechend der Vorlage auf den Unterstoff und fixieren Sie den Stofffleck mit Heftstichen.

• Zeichnen Sie mit einem Kreidestift die Umrisse eines Körbchens auf Teil 1A.

• Wenn der Unterstoff in Ihren Stickrahmen passt, können Sie ihn direkt einspannen.

Abb. 67: Unterstoff mit Randstreifen im Stickrahmen

Ansonsten heften Sie auf allen Seiten des Unterstoffs mit der Nähmaschine einen Randstreifen an, damit der Unterstoff in Ihrem Stickrahmen befestigt werden kann (Abb. 67).

• Weben sie mit Stickgarn ein Gitter, das bei jeder Kreuzungsstelle mit einem Anlegestich befestigt wird (Abb. 68 und 172). Sticken Sie den Rand und den Henkel des Körbchens mit Kettenstich (Abb. 208).

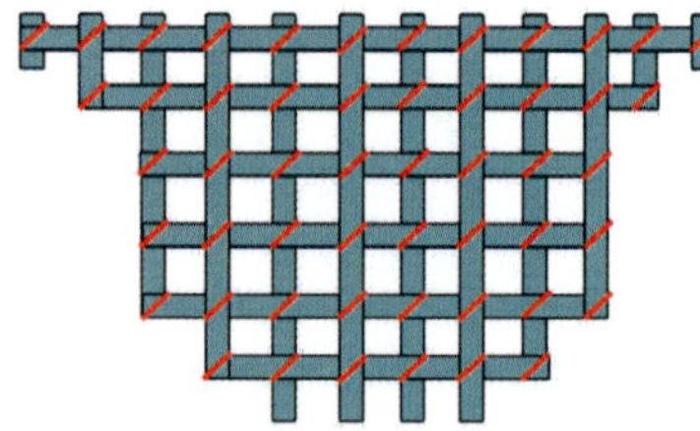

Abb. 68: Korb aus Anlegestichen

• Anschließend werden mit dem gelben Seidenband 5 Blümchen gestickt: Schneiden Sie ein ca. 30 cm langes Seidenband ab, fädeln Sie dieses in eine spitze Sticknadel und machen Sie am Ende des Bändchens einen Knoten. Stechen Sie mit der Nadel über dem gestickten Körbchen aus, legen Sie ein Rundholz quer über das Band, stechen Sie ungefähr 0,5 cm nach dem Ausstich in die Mitte des Bändchens und ziehen Sie dieses vorsichtig nach unten (Abb. 69 und 70). Entfernen Sie das Hölzchen und ziehen Sie das Band so weit nach unten, dass sich eine kleine Spitze bildet. Das erste Blütenblatt ist fertig (Abb. 71 und 72).

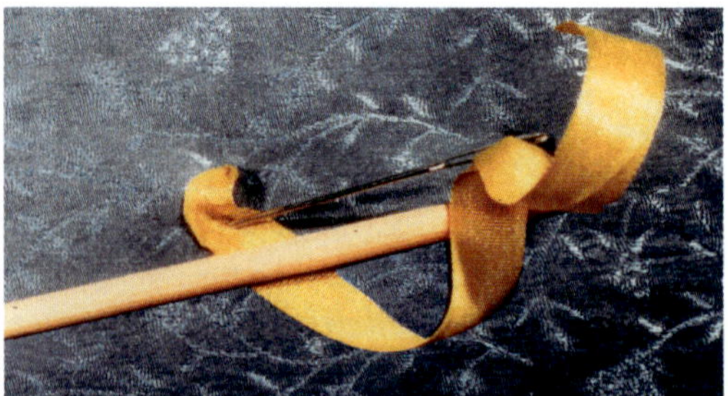

Abb. 69: Sticken eines Blütenblattes

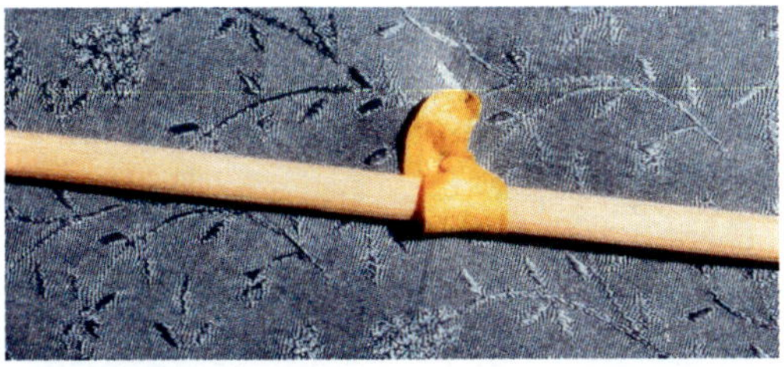

Abb. 70: Sticken des Blütenblattes

Abb. 72: Gesticktes Blütenblatt

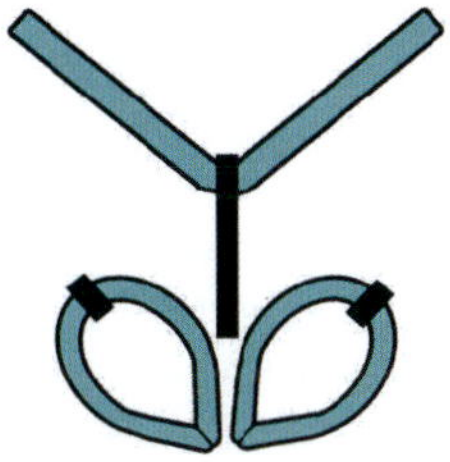

Abb. 73: Blatt aus Margeriten- und Fliegenstich

Abb. 71: Gesticktes Blütenblatt

• Sticken Sie auf diese Weise 5 Blumen mit je 5 Blütenblättern. In der Mitte der Blümchen werden mit einem Quiltfaden je 2 Perlen angenäht. Sticken Sie anschließend mit grünem Stickgarn Blättchen aus Margeriten- und Fliegenstichen in die Zwischenräume (Abb. 73, 175 und 210).

• Entfernen Sie den Stickrahmen und die angehefteten Randstreifen.

• Legen Sie Teil 1B rechts auf rechts entsprechend der Vorlage an die lange Schnittkante von Teil 1A und nähen Sie dieses Stoffstück mit der Nähmaschine an (Abb. 74).

• Die restlichen Teile werden in gleicher Weise entsprechend den Nummern der Vorlage auf den Unterstoff genäht (Abb. 75).

Abb. 74: Annähen der Stoffteile

Abb. 75: Annähen der Stoffteile

Abb. 76: Besticken des Blocks

Abb. 77: Besticken des Blocks

• Die Naht von Teil 1D wird mit Knopflochstich (Abb. 225) in Halbkreisform bestickt und mit Perlen verziert. Sichern Sie jede Perle mit einem Rückstich. Die Fläche wird mit Kreisen aus Knopflochstichen verschönt (Abb. 76).

• Die Naht von Teil 1C wird mit kretischem Stich bestickt (Abb. 207). Anschließend wird eine Reihe Margeritenstich aus hellgrünem Garn und dann eine Reihe Margeritenstich aus dunkelgrünem Garn dazwischen gestickt (Abb. 210). Dann werden Pailletten mit Perlen aufgenäht (Abb. 77 und 245).

• Sticken Sie jetzt einen orangen und einen gelben Schmetterling aus Margeritenstich, Geradstich und einem einfachen Knötchenstich (Abb. 238) auf die leere Fläche von Teil 1C.

• Die Naht von Teil 1B wird mit Wabenstich (Abb. 194) bestickt, dann folgen blaue Geradstiche (Abb. 157). Im nächsten Arbeitsgang werden die Perlen und danach die Stäbchen mit den Perlen aufgenäht (Abb. 78).

• Nähen Sie den Knopf auf Teil 1B mit 2-3 Stichen an, stechen sie die Nadel dann durch eines der Löcher des Knopfes aus und fädeln Sie 3 Perlen auf, stechen Sie die Nadel durch das andere Loch des Knopfes auf die Rückseite, stechen Sie noch einmal durch den Knopf und die Perlen und vernähen Sie anschließend den Faden auf der Rückseite.

• Die Naht von Teil 1E wird zuerst mit Hexenstich (Abb. 205) bestickt, dann folgt ein doppelter Knötchenstich, ein Margeriten- und ein Geradstich. Den Abschluss bildet ein einfacher Knötchenstich.

4. Schritt: Fertigstellung des Blocks

• Schneiden Sie ein Quadrat in der Größe 14 x 14 cm aus dem Rückseitenstoff und dem Vlies für die Wattierung zu.

• Schneiden Sie aus dem Rückseitenstoff einen Streifen in Größe 5 x 14 cm für den Aufhängetunnel zu.

• Säumen Sie den Stoffstreifen für den Aufhängetunnel mit der Nähmaschine auf beiden Schmalseiten und legen Sie den Streifen der Länge nach in der Mitte zusammen, sodass sich die linke Seite innen befindet (Abb. 79).

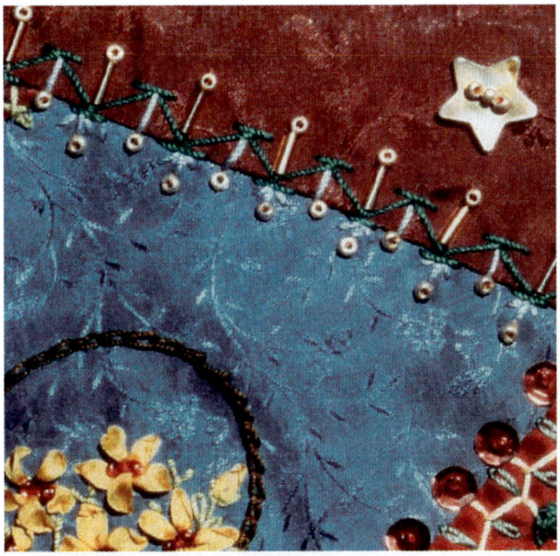

Abb. 78: Besticken des Blocks

Abb. 79: Aufhängetunnel

• Das fertige Top (Vorderseite) muß auf allen Seiten begradigt werden. Bitte beachten Sie, dass auch die Diagonale des Quadrats stimmt.

• Unterlegen Sie jetzt das Top mit dem Vlies und dem Rückseitenstoff und heften Sie die 3 Schichten am Rand zusammen.

Abb. 80: Rückseite des Quilts

Abb. 81: Rückseite des Quilts

• Legen Sie die 2 offenen Kanten des Aufhängetunnels mittig an die obere Kante der Rückseite des Quilts und heften Sie den Aufhängetunnel an.

5. Schritt: Randeinfassung

• Schneiden Sie für die Einfassung des Quilts je 2 Streifen in der Größe 3 x 14 cm und je 2 Streifen in der Größe 3 x 20 cm zu.

• Legen Sie die kürzeren Randstreifen (3 x 14 cm) rechts auf rechts an die obere und untere Kante des Tops, heften Sie zuerst und nähen Sie die Randstreifen dann mit der Nähmaschine in Füßchenbreite an das Top.

• Schlagen Sie die Randstreifen um und nähen Sie diese auf der Rückseite mit Überwendlichstichen an.

• Nähen Sie anschließend die beiden längeren Randstreifen (3 x 20 cm) an der linken und rechten Seite in gleicher Weise an (Abb. 80 und 81).

• Abschließend wird der Aufhängetunnel auf der Rückseite mit Überwendlichstichen angenäht und der Minicrazy ist fertig.

Abb. 82: Minicrazy, Rita Schaffer, 2005. 14 x 14 cm. Trachtenseide, maschingenäht, handbestickt.

Abb. 83: Zusammennähen der Blöcke

[Crazy aus Blöcken]

Natürlich können Sie auch größere Crazy-Quilts aus beliebig vielen Blöcken nähen.

Wir haben vier weitere Musterblöcke für Sie vorbereitet, die Sie in die gewünschte Größe bringen und für die Herstellung Ihrer Schablonen verwenden können (Abb. 86-89).

Sie können auch Ihre eigenen Musterblöcke entwerfen. Beachten Sie dabei, dass Quadrate mehr Möglichkeiten bei der Anordnung der fertigen Blöcke bieten als Rechtecke.

Wenn Sie Ihre eigenen Musterblöcke entwerfen, vergessen Sie nicht, bereits beim Zeichnen auf die Nähbarkeit zu achten und die Einzelteile zu nummerieren, damit sie nach dem Ausschneiden wieder einfach zusammengesetzt werden können.

Die Blöcke können mit der gemischten Methode, mit der Handmethode oder auch mit der Maschinennähmethode genäht werden.

Sobald alle Blöcke fertiggestellt sind, können Sie diese mit oder ohne Zwischenstreifen zu einer Zierdecke oder einem Wandbehang zusammennähen (Abb. 83).

[Knoten]

Wie bereits erwähnt, werden Crazy-Quilts meist nicht gequiltet sondern geknotet. Insbesondere bei großflächigen Quilts ist dies zur Verbindung der einzelnen Lagen sehr wichtig.

Häkel- oder Perlgarn eignet sich ausgezeichnet zum Knoten. Bei Quilts aus feinen Stoffen, die mit Knopflochseide oder Effektgarn bestickt wurden, können dieselben Garne auch für die Knoten verwendet werden. Sie können die Garne bei Bedarf zur Verstärkung doppelt nehmen.

Es gibt verschiedene Möglichkeiten, die einzelnen Lagen des Crazy-Quilts mit Knoten zu verbinden:

Unsichtbare Knoten auf der Rückseite

Stechen Sie von unten nach oben aus und lassen Sie einen ca. 7 cm langen Faden auf der Unterseite hängen. Nähen Sie einen kleinen Rückstich durch alle Lagen und stechen Sie wieder auf der Rückseite aus. Schneiden Sie den Faden nach ca. 7 cm ab. Legen sie eine Nadel auf den Rückstich, damit der Knoten nicht zu straff wird, verknoten Sie die beiden Fadenenden und schneiden Sie die Fäden anschließend gleich lang ab.

! Wenn Sie dickes Vlies für die Wattierung verwendet haben, können Sie statt eine Nadel auch ein Rundhölzchen oder einen Bleistift auf den Rückstich legen, damit nach dem Knüpfen ausreichend Spiel zwischen den Lagen bleibt.

Zierknoten auf der Vorderseite

Sie können Bänder für die Knoten verwenden und auf der Vorderseite kleine Maschen binden.

Wirkungsvoll sind auch Zierknöpfe, die beim Knoten auf der Vorderseite mitgenäht werden und den Knoten verdecken.

Eine weitere Möglichkeit ist, beim Knoten mehrere gleichlange Fäden in passenden Farben einzulegen, damit auf der Vorderseite kleine Quasten entstehen (siehe Abb. 24, 84 und 85).

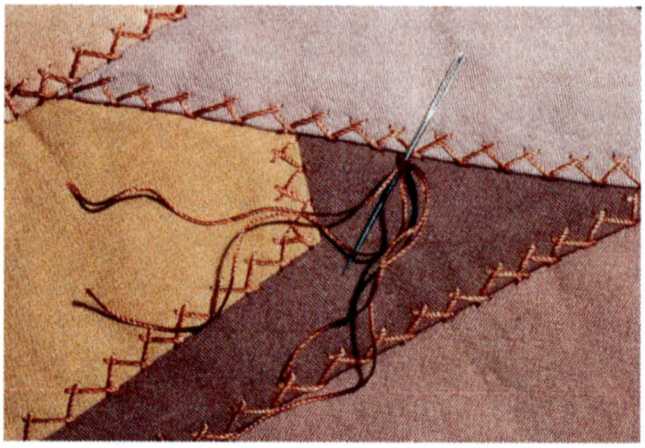

Abb. 84: Knoten auf der Vorderseite des Quilts

Abb. 85: Knoten auf der Vorderseite des Quilts

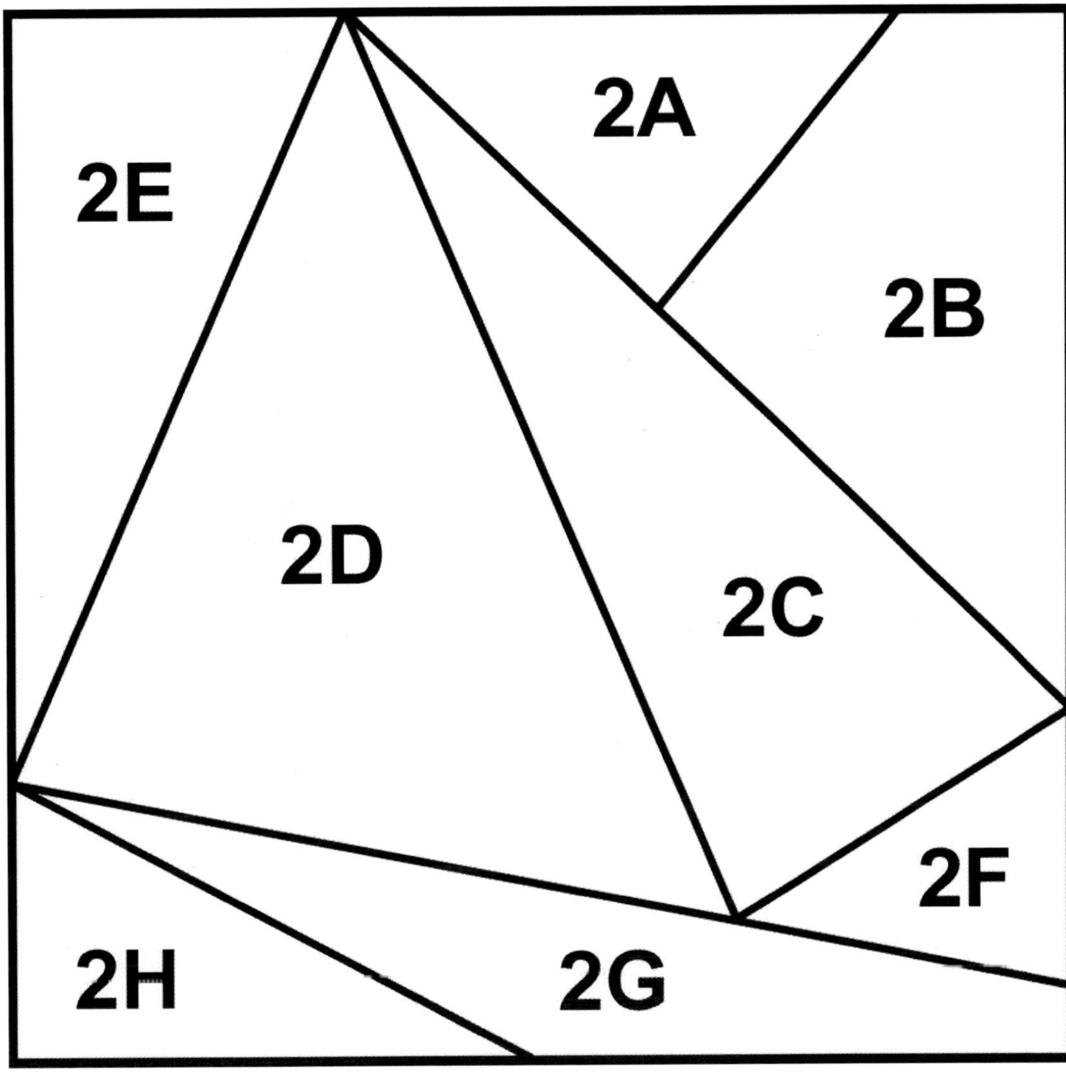

Abb. 86: Musterblock

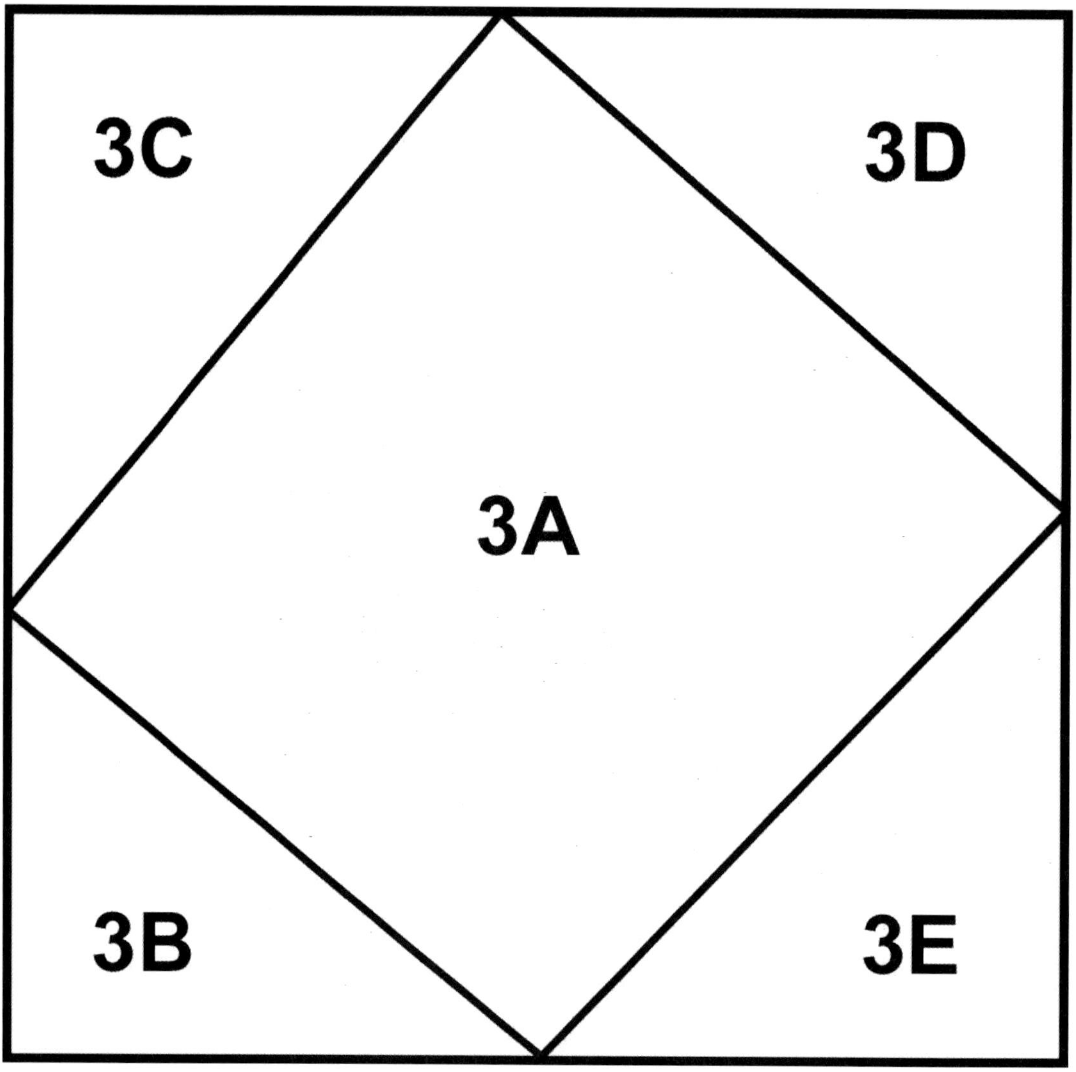

Abb. 87: Musterblock

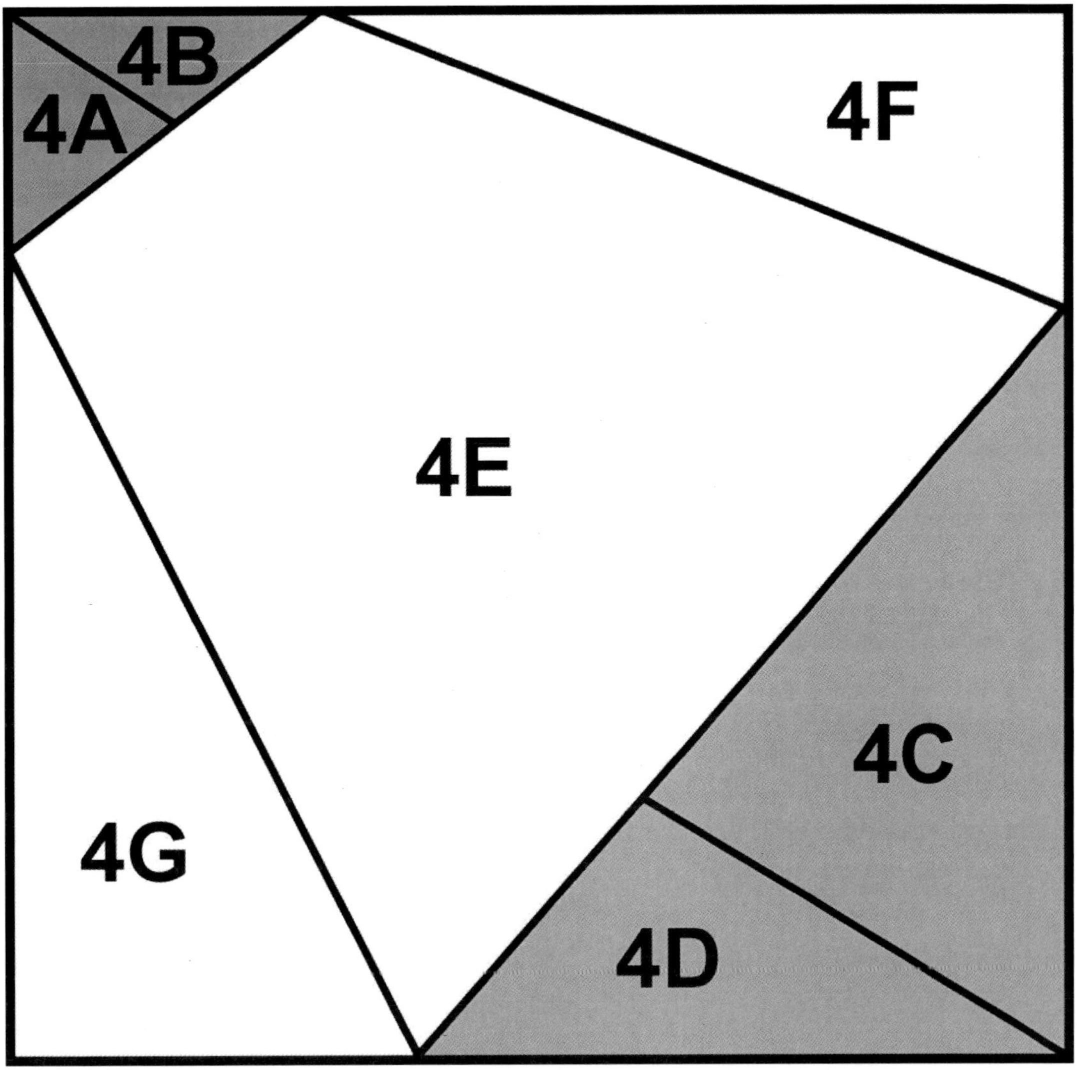

Abb. 88: Musterblock

Nähen Sie zuerst die Teile 4A und 4B zusammen, anschließend die Teile 4C und 4D. Danach werden diese Teile entsprechend der Vorlage an Teil 4E genäht. Abschließend werden die Teile 4F und 4G angenäht.

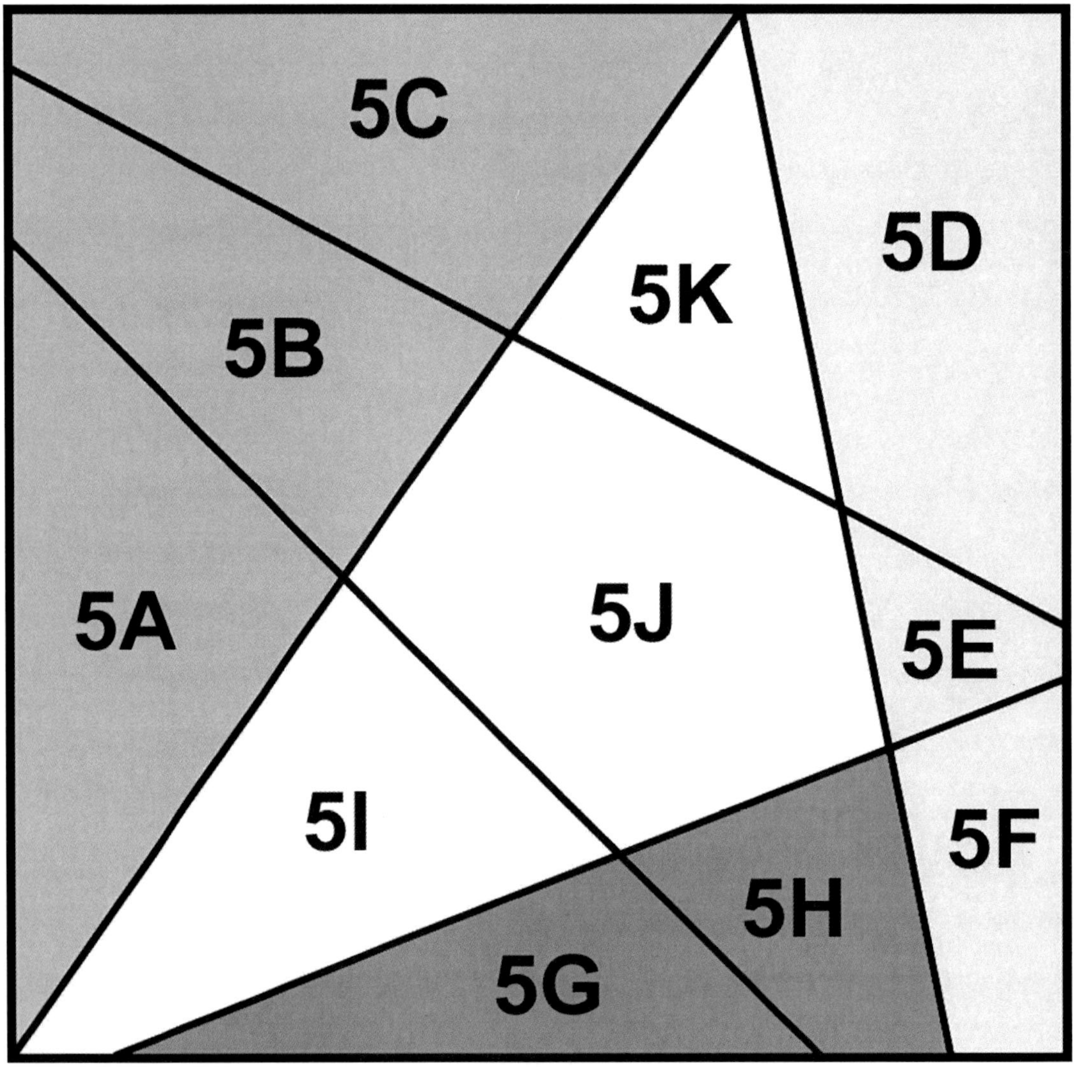

Abb. 89: Musterblock

Nähen Sie zuerst die Teile 5A, 5B und 5C, danach die Teile 5D, 5E und 5F und anschließend die Teile 5G und 5H sowie die Teile 5I, 5J und 5K zusammen. Nähen Sie dann den Block 5G/5H an den Block 5I/5J/5K. Der entstehende Block wird an den Block 5D/5E/5F genäht, abschließend wird der Block 5A/5B/5C angenäht.

[Handmethode]

Beispiel: Sonnengarten
(38 x 38 cm, Abb. 105)

Material

- 30 x 30 cm Unterstoff
  (z.B. Volumenvlies Freudenberg H 630)
- 20 x 110 cm Stoff für die Einfassung
- verschiedene Stoffreste
  (Gelb-, Orange- und Brauntöne)
- 50 x 110 cm Rückseitenstoff
- 40 x 40 cm dünnes Vlies (Wattierung)
- ca. 50 cm weiße Spitze
- Stickgarne in passenden Farben
- Nähfäden in passenden Farben

Ausführung

1. Schritt: Auflegen und Annähen der Stoffe

• Schneiden Sie aus dem Unterstoff ein Quadrat in Größe 30 x 30 cm zurecht.

• Schneiden Sie ein Stoffstück aus und legen Sie dieses in die linke, untere Ecke des Unterstoffs. Schneiden Sie einen zweiten Fleck zu und biegen Sie die Nahtzugabe derjenigen Schnittkante um, welche anschließend überlappend auf das erste Stoffstück gelegt wird. Auf diese Weise wird die darunterliegende Kante «versäubert». Fixieren Sie alle Teile mit Stecknadeln (Abb. 90).

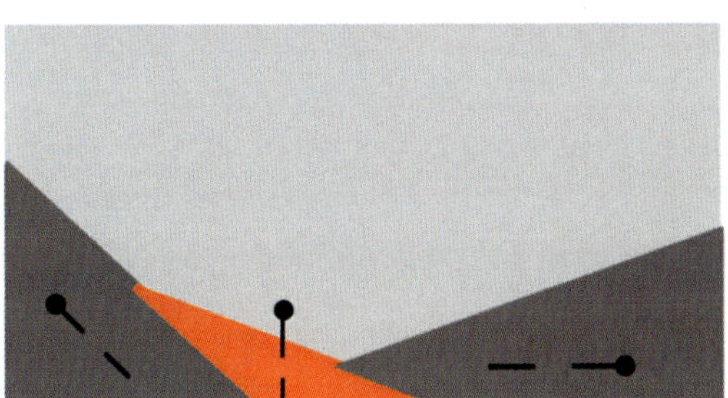

Abb. 90: Auflegen der Stoffstücke

• Gestalten Sie in dieser Technik die Gesamtfläche des Unterstoffs. Sie können mit den verschiedenen Größen, Formen und Farben der Stoffstücke solange spielen, bis Sie mit der Komposition zufrieden sind (Abb. 91).

Abb. 91: Vorderseite des Quilts

• Legen Sie die Spitzen knapp unter die gewünschten Nähte und verstecken Sie die Enden unter den benachbarten Stoffteilen (Abb. 92).

! Vergessen Sie nicht, die Spitzen vor Verwendung auf Bügelfestigkeit zu prüfen!

Abb. 92: Anbringen der Spitzen

• Heften Sie alle Stoffstücke mit Vorstichen an.

• Sobald die endgültige Komposition feststeht, können Sie alle Teile mit kleinen Überwendlichstichen mit dem passenden Nähfaden «unsichtbar» annähen (Abb. 93).

Abb. 93: Annähen der Stoffstücke mit Überwendlichstichen

• Bügeln Sie anschließend die Vorderseite mit einem Dampfbügeleisen.

2. Schritt: Verschönerung

• Besticken Sie alle Nähte mit verschiedenen Stickstichen und verzieren Sie die leeren Flächen mit Stickmotiven (Abb. 94).

Abb. 94: Besticken der Nähte und Flächen

• Für die Sonne rechts oben schneiden Sie einen Kreis aus Karton sowie einen Stoffkreis in gleicher Größe plus Nahtzugabe aus. Umnähen sie den Stoffkreis am Rand mit Vorstichen, legen Sie den Kreis aus Karton auf die linke Seite des Stoffkreises und ziehen Sie beide Enden des Fadens, mit welchem Sie den Vorstich genäht haben, solange an, bis die Nahtzugabe glatt auf dem Karton aufliegt (Abb. 95). Bügeln Sie den Kreis beidseitig und entfernen Sie den Karton. Anschließend können Sie die Sonne mit kleinen Überwendlichstichen auf den Quilt applizieren. Zur Verzierung umsticken Sie die Sonne mit Knopflochstich in goldenem Garn.

Abb. 95: Stoffkreis für Sonne

3. Schritt: Aufhängetunnel

• Schneiden Sie für den Aufhängetunnel einen Streifen in Größe 40 x 8 cm aus dem Rückseitenstoff zu.

• Säumen Sie diesen Streifen mit der Nähmaschine auf beiden Schmalseiten und legen Sie den Stoff der Länge nach in der Mitte zusammen, sodass sich die linke Seite innen befindet (Abb. 96).

Abb. 96: Aufhängetunnel

4. Schritt: Randstreifen

• Begradigen Sie die Außenkanten des Tops.

• Schneiden Sie je 2 Randstreifen in der Größe 30 x 5 cm sowie je 2 Randstreifen in der Größe 40 x 5 cm zu.

• Legen Sie die Randstreifen (30 x 5 cm) rechts auf rechts an die obere und untere Kante des Tops, heften Sie diese zuerst und nähen Sie sie dann mit der Nähmaschine an (Abb. 97). Nähen Sie anschließend die seitlichen Randstreifen (40 x 5 cm) in gleicher Weise an das Top.

Abb. 97: Vorderseite mit Randstreifen

• Schneiden Sie aus dem Rückseitenstoff und aus dem Vlies für die Wattierung je ein Quadrat in Größe 40 x 40 cm zu.

• Unterlegen Sie das Top mit dem Vlies und dem Rückseitenstoff und heften Sie die 3 Schichten am Rand zusammen.

• Legen Sie die 2 offenen Kanten des Aufhängetunnels mittig an die obere Kante der Rückseite des Quilts und heften Sie den Aufhängetunnel an.

5. Schritt: Versäuberung mit Happy End

• Für das Einfassband benötigen Sie einen Stoffstreifen mit geradem Fadenlauf in der Länge von 165 cm. Um diese Länge zu erreichen, schneiden Sie zwei 5 cm breite Streifen zu und legen die Enden dieser Streifen ca. 5 cm überlappend aufeinander. Legen Sie ein Lineal im 45° Winkel an und schneiden Sie die Enden mit dem Rollschneider ab (Abb. 98).

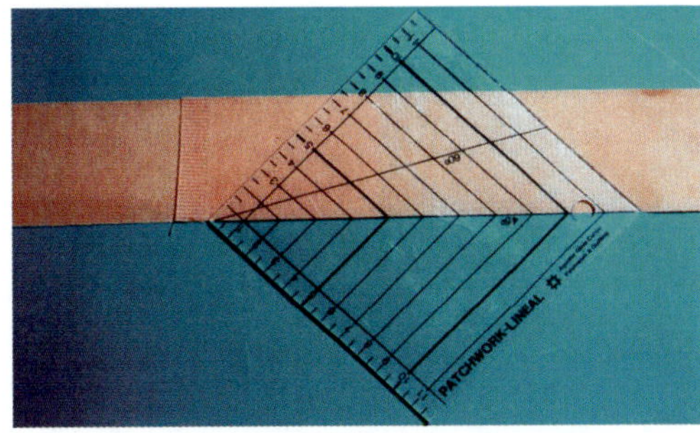

Abb. 98: Zuschneiden des Einfassbandes

• Legen Sie die Enden rechts auf rechts und nähen Sie diese in Füßchenbreite mit der Maschine zusammen (Abb. 99). Falls nötig, können Sie einen weiteren Streifen in gleicher Weise annähen. Die Nahtzugaben der Randstreifen werden anschließend umgebügelt.

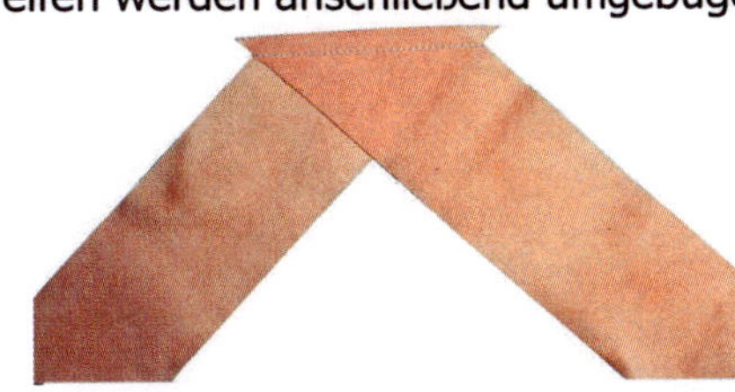

Abb. 99: Zusammennähen des Einfassbandes

• Legen Sie das schmale Einfassband der Länge nach in der Mitte zusammen (linke Seite innen) und positionieren Sie dieses so auf dem Quilt, dass die beiden offenen Schnittkanten mit einer Außenkante des Tops übereinstimmen.

• Legen Sie den Anfang des Einfassbandes im 45° Winkel um und fixieren Sie den Streifen mit einer Stecknadel (Abb. 100).

• Nähen Sie jetzt den Streifen mit der Maschine in Füßchenbreite bis 0,75 cm vor der ersten Ecke an und sichern Sie die Naht mit einem Rückstich. Schneiden Sie den Faden ab und nehmen Sie den Quilt aus der Maschine.

Abb. 100: Nähen der Randeinfassung

Abb. 101: Nähen der Ecke

Abb. 102: Nähen der Ecke

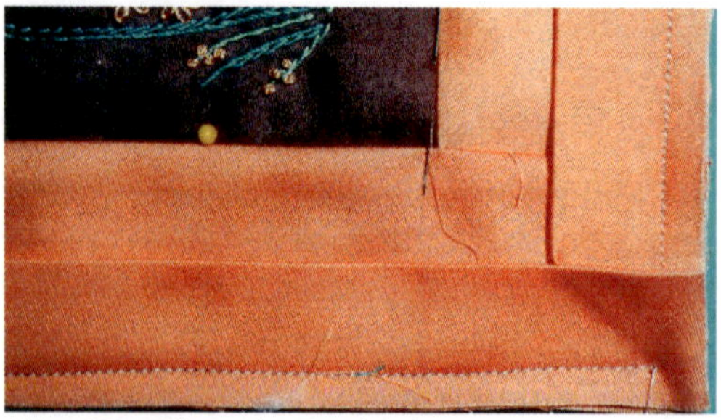

Abb. 103: Nähen der Randeinfassung

- Falten Sie die Ecke wie folgt: Zuerst wird das Einfassband im 45° Winkel nach rechts gefaltet (Abb. 101), anschließend wieder nach links und zwar so, dass die Außenkante des Quilts mit dem gefalteten Randstreifen übereinstimmt (Abb. 102).

- Beginnen Sie auf der nächsten Seite des Quilts, mit einem Abstand von exakt 0,75 cm von der Kante, das Einfassband in Füßchenbreite mit der Maschine anzunähen. In dieser Weise werden alle Ecken genäht (Abb. 103).

- An der Oberkante wird der bereits angeheftete Aufhängetunnel mitgenäht.

- Sobald Sie das Einfassband rund um den Quilt genäht haben und wieder zum Anfang kommen, schneiden Sie das Band überlappend (ca. 2 cm) ab. Legen Sie das Ende des Bandes auf den umgebogenen Anfang und schließen Sie die Naht mit der Nähmaschine.

- Biegen Sie das Einfassband auf die Rückseite und nähen Sie dieses von Hand mit kleinen Überwendlichstichen an (Abb. 104).

- Nähen Sie die untere Kante des Aufhängetunnels mit kleinen Überwendlichstichen fest.

! Wenn Sie großflächige Crazy-Quilts machen, vergessen Sie nicht, die verschiedenen Lagen mit Knoten zu verbinden (siehe S. 86).

Abb. 104: Annähen des Bandes auf der Rückseite

Abb. 105: *Sonnengarten*, Rita Schaffer, 2005. 38 x 38 cm, selbstgefärbter Baumwollsatin, mit Knopflochseide bestickt und mit Baumwollspitzen verziert.

[Maschinennähmethode]

Beispiel: Crazy-Kissen
(39 x 39 cm, Abb. 114)

Material

- 10 verschiedene Stoffe, je 10-20 x 110 cm
- 50 x 110 cm Stoff für Randstreifen und Rückseite
- 35 x 35 cm Stickvlies
- 40 x 40 cm dünnes Vlies
- 40 x 40 cm Baumwollstoff für das Futter
- passender Nähfaden
- passendes Maschinenstickgarn

Dieses Kissen wurde mit handgefärbtem Baumwollsatin gearbeitet und mit der Nähmaschine Designer 1 von Husqvarna bestickt. Die meisten Nähmaschinen verfügen zusätzlich zu den Nähstichen über verschiedene Stickstiche.

! Wenn Sie bunte Stoffe verwenden, sollten Sie darauf achten, dass sich die Stickgarne gut vom Hintergrund abheben.

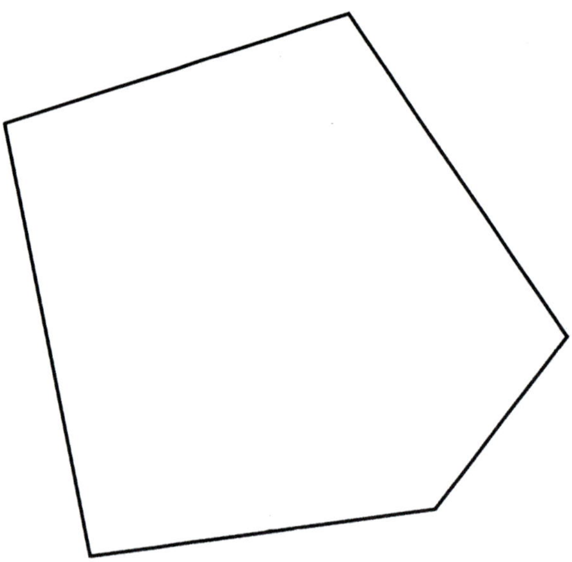

Abb. 106: Fünfeck in Originalgröße

Ausführung

1. Schritt: Nähen des Tops

- Schneiden Sie mit dem Rollschneider ein Fünfeck (Abb. 106) aus und legen Sie dieses in die Mitte des Stickvlieses. Fixieren Sie es mit einer Stecknadel.

- Legen Sie rechts auf rechts ein Stoffstück auf eine der Schnittkanten des Fünfecks und nähen Sie dieses mit der Maschine in Füßchenbreite an (Abb. 107).

Abb. 107: Annähen der Stoffstücke

- Schlagen Sie das Stickvlies nach hinten um und schneiden Sie das angenähte Stoffstück in Form (Abb. 108).

Abb. 108: Abschneiden des Stoffteils

Abb. 109: Besticken der Naht

Abb. 110: Annähen und Besticken der Stoffteile

Abb. 111: Annähen und Besticken der Stoffteile

• Bringen Sie das Stickvlies wieder in die ursprüngliche Lage und schlagen Sie das soeben zurechtgeschnittene Stoffstück um, sodass es flach auf dem Unterstoff liegt.

• Fädeln Sie das gewünschte Stickgarn in die Nähmaschinennadel ein und verzieren Sie die Naht mit einem schönen Stickstich (Abb. 109).

• Wiederholen Sie diese Schritte, bis die Gesamtfläche des Unterstoffes mit verschiedenen Stoffstücken belegt und bestickt ist (Abb. 110 und 111).

2. Schritt: Annähen der Randstreifen

• Begradigen Sie die Außenkanten des Tops.

• Legen Sie die zwei Randstreifen (35 x 5 cm) rechts auf rechts an die obere und untere Kante des Tops und nähen Sie diese in Füßchenbreite mit der Nähmaschine an.

! Vergessen Sie nicht, vorher den Stickfaden durch einen normalen Nähfaden zu ersetzen und, falls nötig, die Nähnadel auszutauschen.

• Anschließend werden die zwei seitlichen Randstreifen (42 x 5 cm) in der gleichen Weise angenäht.

• Jetzt können Sie das Stickvlies entfernen. Es kann ganz einfach ausgerissen werden.

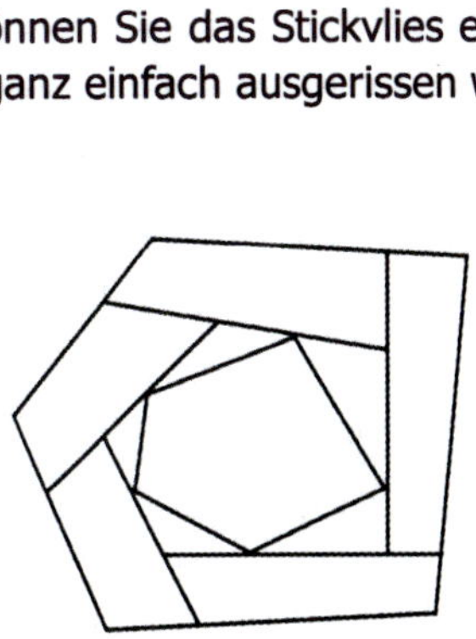

Abb. 112: Schema Maschinennähmethode

3. Schritt: Rückenteil mit Hotelverschluss

• Schneiden Sie ein Stoffstück in Größe 25 x 42 cm (Teil A) und ein weiteres Stoffstück in Größe 35 x 42 cm (Teil B) zu.

• Nähen Sie jeweils auf einer der 42 cm langen Kanten von Teil A und von Teil B einen 2 cm breiten Saum: Der Stoff wird je zweimal 2 cm umgeschlagen und dann mit der Maschine genäht.

• Legen Sie anschließend die Teile A und B 10 cm überlappend aufeinander, sodass eine Rückseite in Größe 42 x 42 cm entsteht. Befestigen Sie beide Teile mit Stecknadeln (Abb. 113).

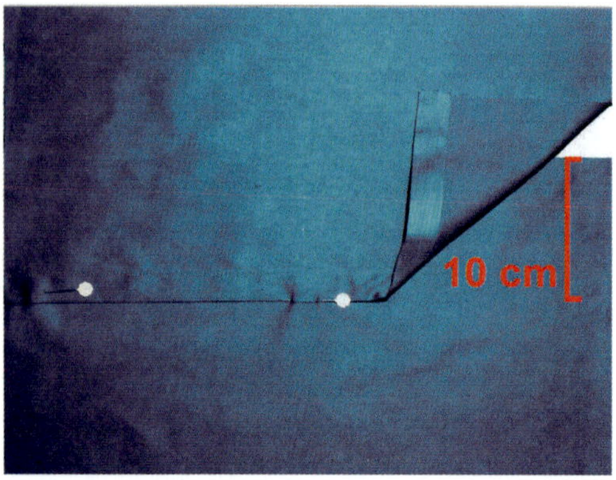

Abb. 113: Hotelverschluss

4. Schritt: Zusammennähen des Kissens

• Legen Sie auf die rechte Seite des Rückenteils die rechte Seite des bestickten Crazy-Tops (beide linken Seiten befinden sich jetzt außen).

• Legen Sie anschließend auf die linke Seite des Crazy-Tops das Vlies für die Wattierung und als oberste Lage das Futter.

• Heften Sie alle Schichten an den Außenkanten zusammen.

• Begradigen Sie die Außenkanten falls notwendig.

• Nähen Sie die Außenkanten in Füßchenbreite mit der Nähmaschine zusammen.

• Drehen Sie den fertigen Kissenüberzug um.

! Dieser Kissenüberzug ist passend für eine Füllung in Größe 40 x 40 cm, die in Kaufhäusern oder Handarbeitsgeschäften erhältlich ist.

Abb. 114: Crazy-Kissen, Rita Schaffer 2005. 39 x 39 cm, selbstgefärbter Baumwollsatin, maschinengenäht und maschinenbestickt.

Abb. 115: Crazy-Kissen, Rita Schaffer 2004. 39 x 39 cm, Baumwollstoffe, maschinengenäht, handbestickt.
Abb. 116: Crazy-Kissen, Rita Schaffer 2004. 39 x 39 cm, selbstgefärbter Baumwollsatin, handgenäht, handbestickt.

[Brosche]

(5 x 5 cm, Abb. 118)

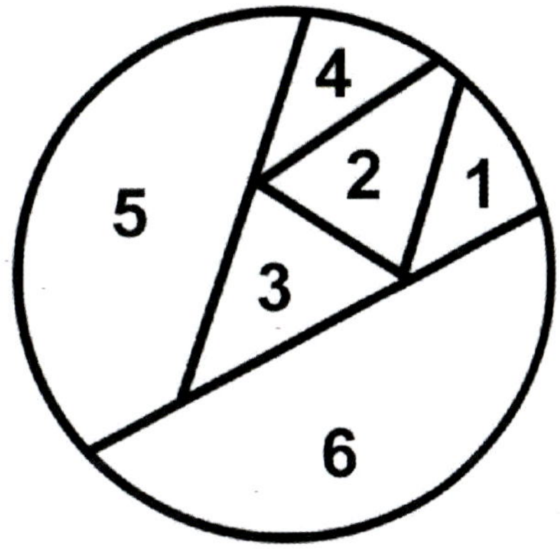

Abb. 117: Broschen-Vorlage

Material

- Verschiedene Stoffreste
- 5 x 5 cm *fast2fuse* (als Unterstoff)
- Stickgarn, Perlen, Pailletten, Knöpfe
- Sicherheitsnadel, Näh- bzw. Quiltfaden

Zuschneiden

Rückseitenstoff: 1 x Kreis gemäß Vorlage

fast2fuse: 1 x Kreis gemäß Vorlage

Stoffreste: Fertigen Sie Schablonen entsprechend den Nummern der Vorlage plus Nahtzugabe (siehe S. 79) und schneiden Sie die Teile aus verschiedenen Stoffresten aus.

Ausführung

• Legen Sie die Stoffteile entsprechend der Nummern der Vorlage auf den Unterstoff und nähen Sie diese mit kleinen Überwendlichstichen an (siehe Grundtechniken: Handmethode, S. 91)

• Bügeln Sie die reche Seite des Tops, um den Unterstoff zu fixieren.

• Besticken und verschönern Sie die Brosche mit Perlen, Pailletten und Knöpfen.

• Unterlegen Sie das Top mit dem Rückseitenstoff und fixieren Sie dieses durch vorsichtiges Bügeln. Unterlegen Sie einen weichen Stoff, damit die aufgenähten Perlen und Knöpfe nicht zu Schaden kommen.

• Die drei Schichten werden verbunden und versäubert, indem man den Kreis mit Knopflochstichen einfasst. Wenn Sie zwischen jedem Knopflochstich eine kleine Perle auffädeln, wird die Brosche besonders hübsch.

• Nähen Sie eine Sicherheitsnadel an die Rückseite und schon ist die Brosche fertig.

! Wenn Sie vor der Bügelfixierung zwischen Top und Rückseitenstoff einen farbigen Gummifaden annähen, können Sie schöne

Abb. 118: Crazy-Broschen

[Tasche]

(25 x 31 cm, Abb. 127 und 128)

Material

- 35 x 110 cm Stoff
- 40 cm Volumenvlies Freudenberg H 630
- 35 x 110 cm Futterstoff
- verschiedene Stoffreste
- eventuell Reiß- oder Klettverschluss für die Innentasche
- Stickgarn, Perlen, Pailletten
- Näh- und Quiltfaden

Zuschneiden

Volumenvlies: 1 Rechteck 31 x 70 cm als Unterstoff, 2 Streifen 60 x 2,50 cm für die Henkel.

Stoff: 1 Rechteck 31 x 40 cm für die Taschenrückseite, 2 Streifen 60 x 7 cm für die Henkel.

Futter: 1 Rechteck 30 x 70 cm, 1 Quadrat 15 x 15 cm für die Innentasche.

Ausführung

• Bügeln Sie die Nahtzugabe der Kante E der Taschenrückseite um. Die Größe beträgt jetzt 31 x 29,25 cm.

• Legen Sie die Taschenrückseite so auf das Volumenvlies, dass die Kanten B übereinstimmen und die Hälfte für den Crazy-Teil frei bleibt. Fixieren Sie die Taschenrückseite mit Stecknadeln.

• Belegen Sie den freien Teil des Volumenvlieses mit Stoffresten, nähen Sie die Teile an und bügeln Sie das Top (siehe Grundtechniken: Handmethode, S. 91).

• Besticken Sie die Nähte des Crazy-Teils und verschönern Sie diesen nach Belieben.

• Markieren Sie die Mitte des Tops mit Heftstichen. Anschließend werden 2 Bodenlinien je 2,5 cm links und rechs von der Mitte ebenfalls mit Heftstichen markiert (Abb. 119 und 120).

• Legen Sie das Taschentop rechts auf rechts in der Mitte zusammen und schließen Sie die Seitennähte (C + D) mit der Nähmaschine in Füßchenbreite.

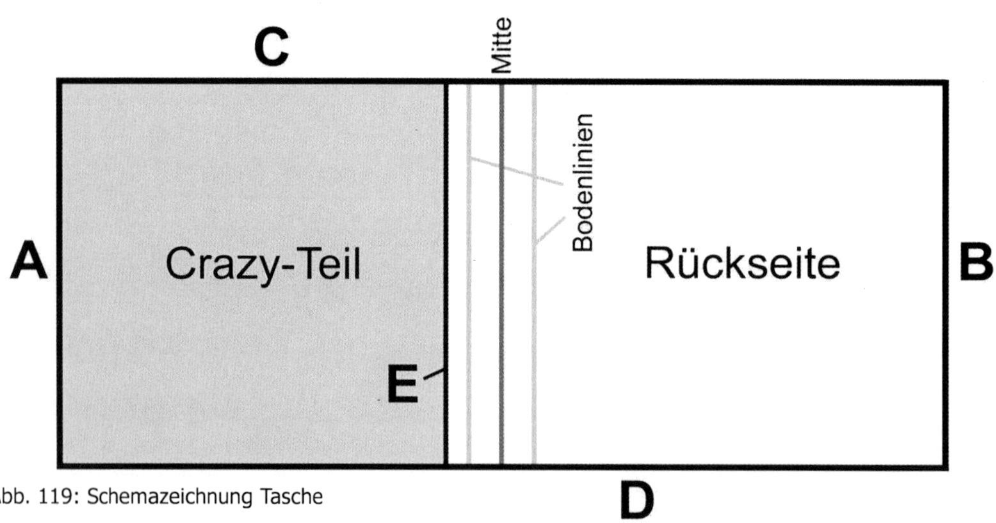

Abb. 119: Schemazeichnung Tasche

Abb. 120: Taschentop

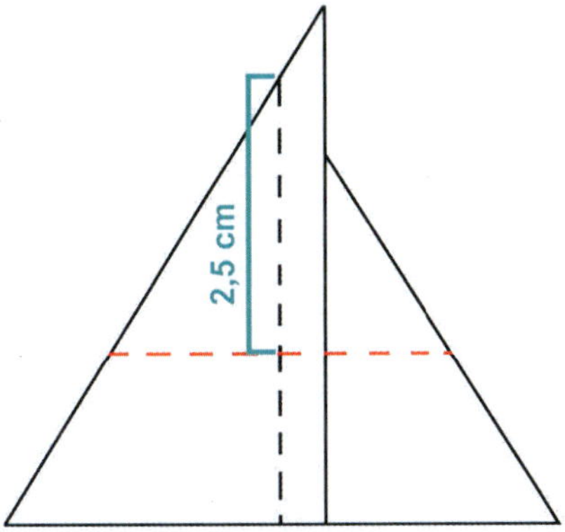

Abb. 121: Abnähen der Bodenecken

• Falten Sie die Bodenecke wie auf den Abbildungen 121 und 122 dargestellt und nähen Sie diese in einem Abstand von 2,5 cm von der Spitze ab.

• Wenden Sie die Tasche so, dass sich die rechte Seite außen befindet.

• Steppen Sie die 2 markierten Bodenlinien links und rechts von der Mitte schmal ab.

• Markieren Sie 2,5 cm links und rechts von den Seitennähten (Kanten C und D) zwei Seitenlinien mit Heftstichen und steppen Sie diese schmal ab (Abb. 123).

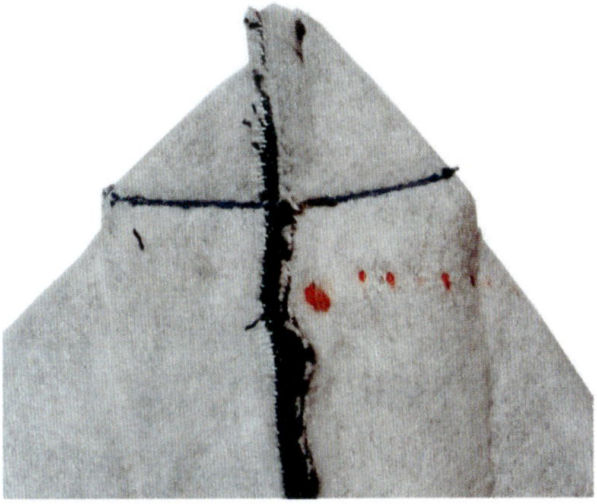

Abb. 122: Abnähen der Bodenecken

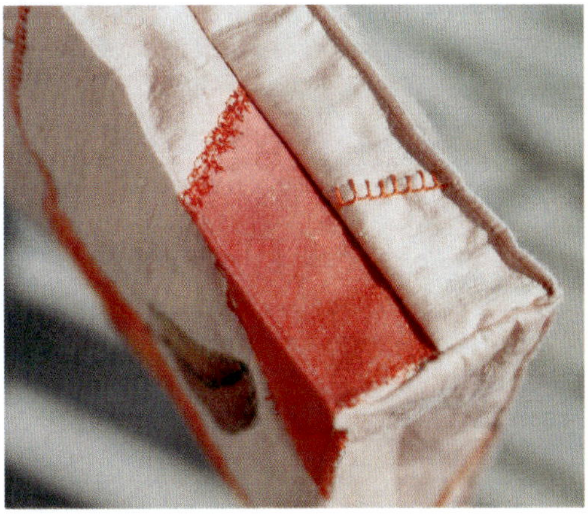

Abb. 123: Abgesteppte Boden- und Seitenlinien

• Säumen Sie das Innentäschchen und nähen Sie es auf das Futter. Je nach Wunsch können Sie einen Reiß- oder Klettverschluss an der Innentasche anbringen.

• Legen Sie das Futter rechts auf rechts in der Mitte zusammen und nähen Sie die Seitennähte in Füßchenbreite zusammen. Lassen Sie auf einer Seite ungefähr 20 cm zum Wenden offen.

• Nähen Sie die Bodenecken des Futters ab (Abb. 121 und 122).

• Bügeln Sie das Volumenvlies für den Henkel wie auf Abbildung 124 abgebildet 1 cm vom Rand auf den entsprechenden Stoffstreifen (60 x 7 cm).

Abb. 124: Henkel mit aufgebügeltem Volumenvlies

• Legen Sie den Streifen in der Mitte der Länge nach zusammen (das Vlies befindet sich außen, die rechte Seite innen) und nähen Sie die lange Schnittkante mit der Nähmaschine zusammen.

• Wenden Sie den Henkel. Als Hilfe können Sie eventuell ein Rundholz, einen Bleistift oder eine Sicherheitsnadel verwenden, die durch den Stofftunnel geschoben wird.

• Bügeln Sie die Henkel und steppen Sie beide Außenkanten schmal ab.

• Heften Sie die Henkel auf der rechten Seite der Tasche an (Abb. 125).

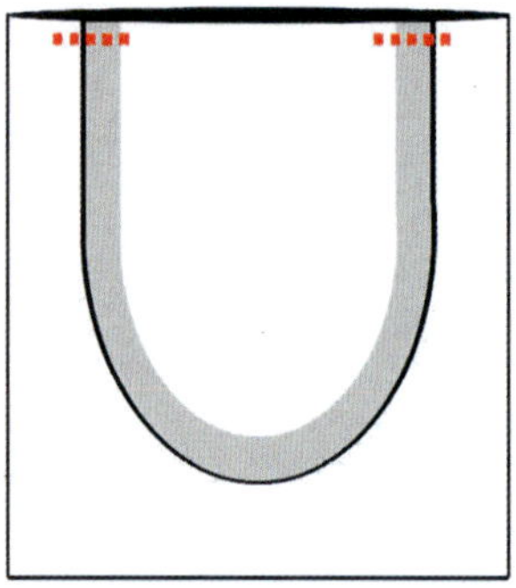

Abb. 125: Heften der Henkel

• Stecken Sie die Tasche so in das Futter, dass die beiden rechten Seiten aufeinanderstoßen. Ganz innen befindet sich die linke Seite der Tasche, ganz außen die linke Seite des Futters.

• Heften Sie die Tasche und das Futter und nähen Sie in Füßchenbreite mit der Nähmaschine die obere Kante zusammen (Abb. 126).

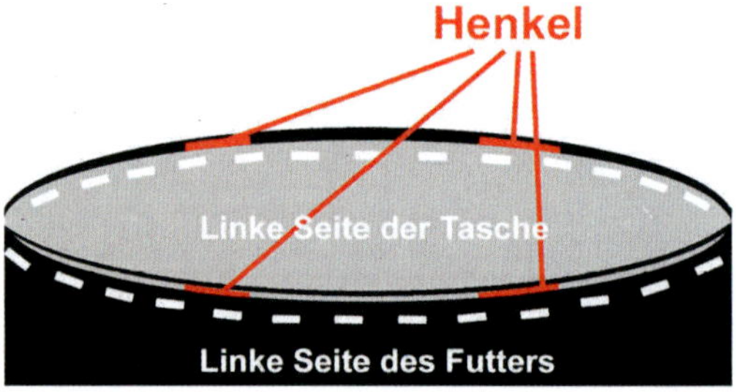

Abb. 126: Absteppen der Taschenöffnung

• Nachdem Sie die Heftfäden entfernt haben können Sie die Tasche wenden.

• Steppen Sie die obere Kante (Taschenöffnung) schmal ab.

• Schließen Sie die offene Seite des Futters mit kleinen Überwendlichstichen oder mit der Nähmaschine.

! Vergessen Sie nicht, alle Heftfäden zu entfernen.

Abb. 127: Crazy-Tasche, Rita Schaffer 2004. Seide mit gefärbten und bestickten Seidenkokons.
Abb. 128: Crazy-Tasche, Rita Schaffer 2005. Jeansstoff, bestickt mit Knopflochseide.

[Fächertasche]

(25 x 19 cm, Abb. 132)

Material

- 25 x 110 cm Stoff für Rückseite und Überschlag
- 25 x 110 cm Futterstoff
- 25 cm aufbügelbares Volumenvlies (Freudenberg 640)
- verschiedene Seidenstoffreste
- passende Stickgarne
- Näh- und Quiltfaden
- Perlen, Knöpfe, Pailletten
- Band für den Henkel (ca. 90 cm lang)
- Knopf oder Magnet als Verschluss

Zuschneiden

! Bitte beachten Sie, dass auf dem Schnitt nur ein halbes Vorderteil gezeichnet ist.

Volumenvlies: Je 1 x Vorder- und Rückenteil sowie Überschlag, alle ohne Nahtzugabe.

Stoff: 1 x Rückenteil, 2 x Überschlag, beide mit Nahtzugabe.

Futterstoff: Je 1 x Vorder- und Rückenteil mit Nahtzugabe.

Ausführung

• Verwenden Sie das Vorderteil aus Volumenvlies als Unterstoff und gestalten Sie diese Fläche in Crazy-Technik (siehe Grundtechniken: Handmethode, S. 91).

! Beachten Sie, dass die Crazy-Fläche auf allen Seiten um die Nahtzugabe größer als das Volumenvlies sein muss.

• Bügeln Sie das Top, um das Vlies zu fixieren.

• Besticken und verzieren Sie die Nähte und Flächen der Taschenvorderseite nach Belieben.

• Bügeln Sie das zugeschnittene Vlies auf die linke Seite des Rückenteils.

• Legen Sie danach das Vorder- und das Rückenteil rechts auf rechts und nähen Sie die Rundung mit der Nähmaschine zusammen.

• Legen Sie das Vorder- und das Rückenteil aus Futterstoff rechts auf rechts aufeinander und nähen Sie die Rundung mit der Nähmaschine zusammen.

• Bügeln Sie das zugeschnittene Volumenvlies auf den Überschlag. Zeichnen Sie die Fächerstäbchen mit einem Kreidestift ein.

• Sticken Sie die Fächerstäbchen mit Stielstich (Abb. 192) oder mit Anlegestich (Abb. 170).

• Legen Sie das Vorder- und Rückenteil des Überschlags rechts auf rechts und nähen Sie die Rundung zusammen.

! Die gerade Kante bleibt bei allen Teilen offen.

Das Futter bleibt auf der linken Seite, die beiden anderen Teile werden gewendet.

• Nach dem Wenden kann der Überschlag beidseitig gebügelt werden.

• Fassen Sie die Rundung des Überschlags mit Knofplochstichen und Perlen ein (Abb. 226).

• Markieren Sie die Mitte des Rückenteils und des Überschlags und nähen Sie diesen zentriert mit der Nähmaschine in Füßchenbreite an (Abb. 129).

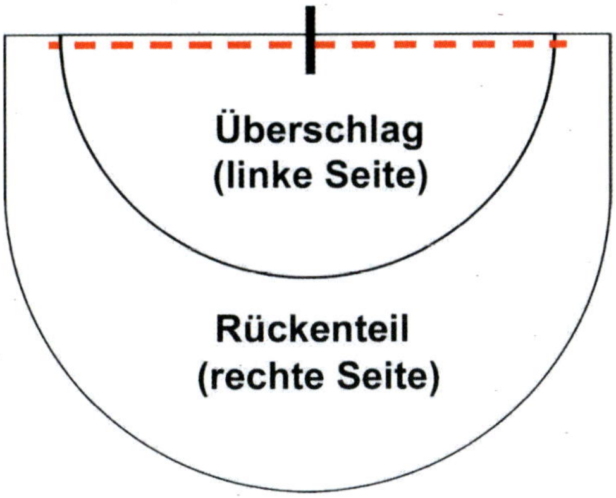

Abb. 129: Annähen des Überschlags

• Stecken Sie jetzt die Tasche in das Futter, so dass die beiden rechten Seiten innen sind.

• Schließlich werden die geraden Kanten zusammengenäht: Der bereits an das Rückenteil genähte Überschlag befindet sich im Inneren, zwischen Futter und Taschentop. Beginnen Sie einen Zentimeter innerhalb des Überschlags und enden Sie einen Zentimeter innerhalb des Überschlags auf der anderen Seite. Das Mittelteil des Überschlags bleibt zum Wenden offen (Abb. 130).

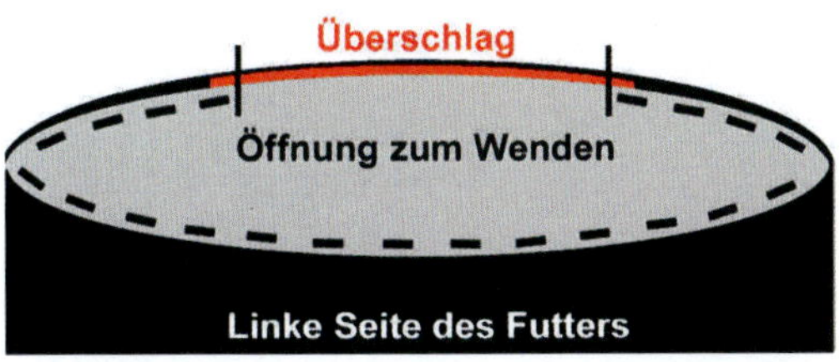

Abb. 130: Zusammennähen der geraden Kanten

• Nach dem Wenden wird das Futter von Hand mit kleinen Überwendlichstichen angenäht.

• Nähen sie als Verschluss einen Knopf auf der Taschenvorderseite an und fertigen Sie eine kleine Lasche aus Knopflochstichen am Überschlag. Sie können auch einen Magnetverschluss «unsichtbar» unter dem Überschlag annähen.

• Zum Abschluss benötigen Sie ein schönes Band oder eine Kordel für den Henkel. Sie können ein passendes Band kaufen oder dieses selbst herstellen:

• Schneiden Sie einen schmalen Stoffstreifen zu (ca. 4 cm breit), legen Sie diesen in der Mitte der Länge nach zusammen und nähen Sie mit der Nähmaschine die Längsseite sowie eine der Schmalseiten zusammen.

• Anschließend wird der Streifen gewendet. Als Hilfe können Sie ein Rundholz, einen Bleistift oder auch eine Sicherheitsnadel verwenden, die durch den Stofftunnel geschoben wird, bis sich die rechte Seite des Bandes außen befindet.

• Bügeln Sie das Band und besticken Sie es zur Verschönerung mit Perlen und Pailletten. Sie können auch fertige Paillettenbänder aufnähen.

• Nähen Sie das fertige Band mit kleinen Überwendlichstichen um die Tasche, um diese fertig zu stellen.

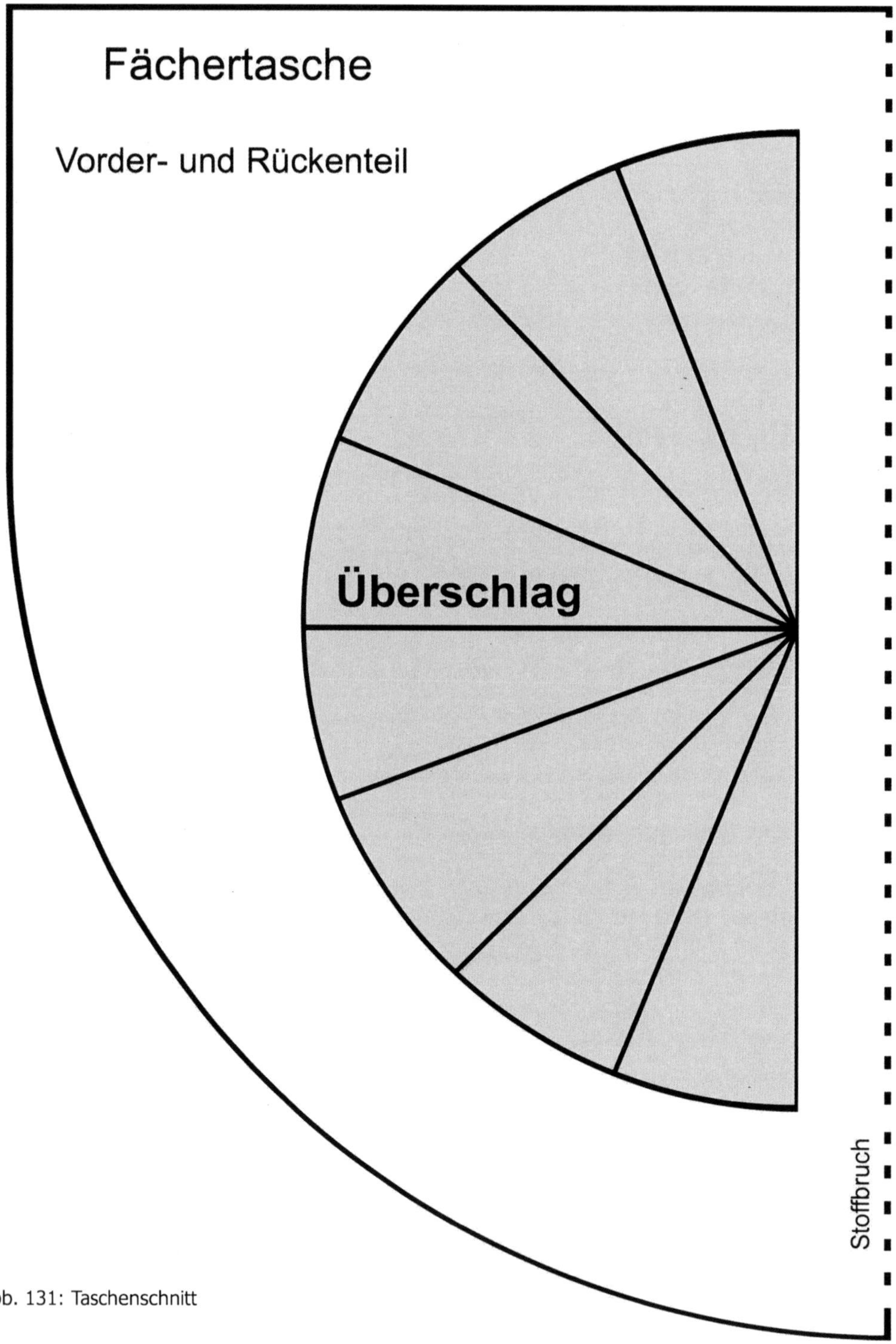

Abb. 131: Taschenschnitt

Abb. 132: Fächertasche, Christina Schaffer, 2005. Seide, handbestickt, mit Perlen, Pailletten und Knöpfen verziert.

[Crazy-Schale]

(11 x 22 cm, Abb. 134)

Material

- 20 x 110 cm Stoff
- 15–20 cm *fast2fuse*
- ein kleines Stück Unterstoff (1x Boden)
- verschiedene Stoffreste
- Stickgarn in verschiedenen Farben
- passender Nähfaden

Zuschneiden

! Bitte beachten Sie, dass im Schnitt nur ein halbes Seitenteil und nur ein Viertel des Bodens gezeichnet ist.

fast2fuse: 2 x Seitenteil, 1 x Boden.

! Überprüfen Sie, ob alle Teile genau zusammenpassen, da durch Kopieren und Ausschneiden geringfügige Verzerrungen entstehen können.

Stoff: 4 x Seitenteil plus Nahtzugabe, 1 x Boden plus Nahtzugabe.

Unterstoff: 1 x Boden plus Nahtzugabe.

Ausführung

• Gestalten Sie den Unterstoff in Crazy-Technik (siehe Grundtechniken: Handmethode, S. 91)

• Legen Sie je 2 Seitenteile rechts auf rechts und nähen Sie die obere und die seitlichen Schnittkanten zusammen.

• Wenden Sie die 2 Seitenteile, stecken Sie das Vlies zur Verstärkung ein und nähen Sie die offene Kante mit kleinen Überwendlichstichen zusammen.

• Bügeln Sie beide Seitenteile, um das Vlies beidseitig zu fixieren.

• Legen Sie das Crazy-Teil und den Boden rechts auf rechts und nähen Sie die Kanten mit der Nähmaschine in Füßchenbreite zusammen. Lassen Sie ungefähr 5 cm zum Wenden offen.

• Nach dem Wenden können Sie den Vliesboden zur Verstärkung einstecken.

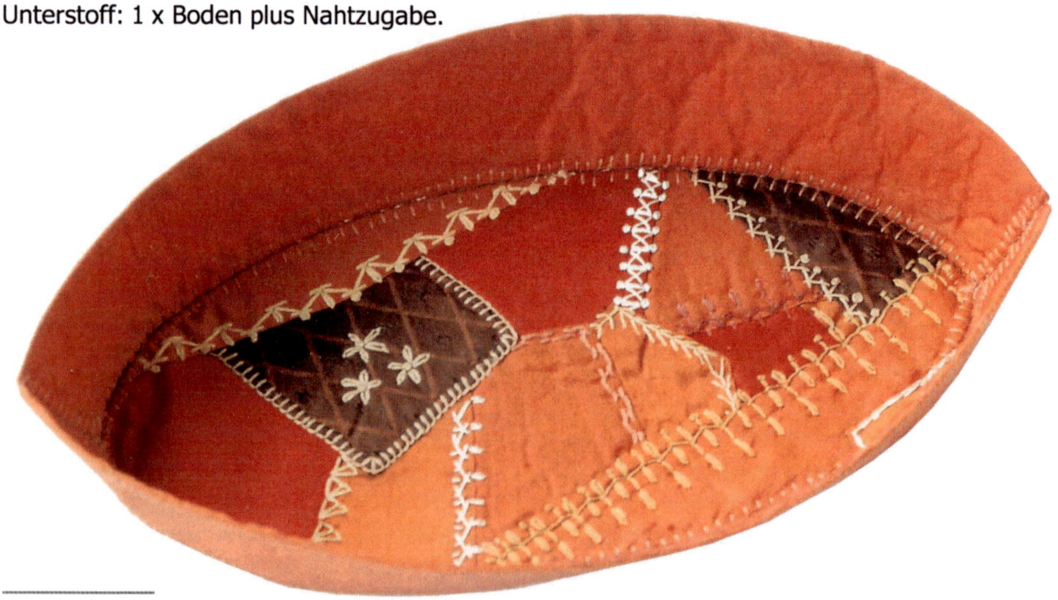

• Nähen Sie dann die offene Stelle mit kleinen Überwendlichstichen zusammen.

• Bügeln Sie den Boden beidseitig, um das Vlies zu fixieren.

• Umsticken Sie die Seitenteile sowie den Boden auf allen Seiten mit Knopflochstichen.

• Nähen Sie die Teile anschließend mit Überwendlichstichen zusammen und schon ist Ihre Crazy-Schale fertig.

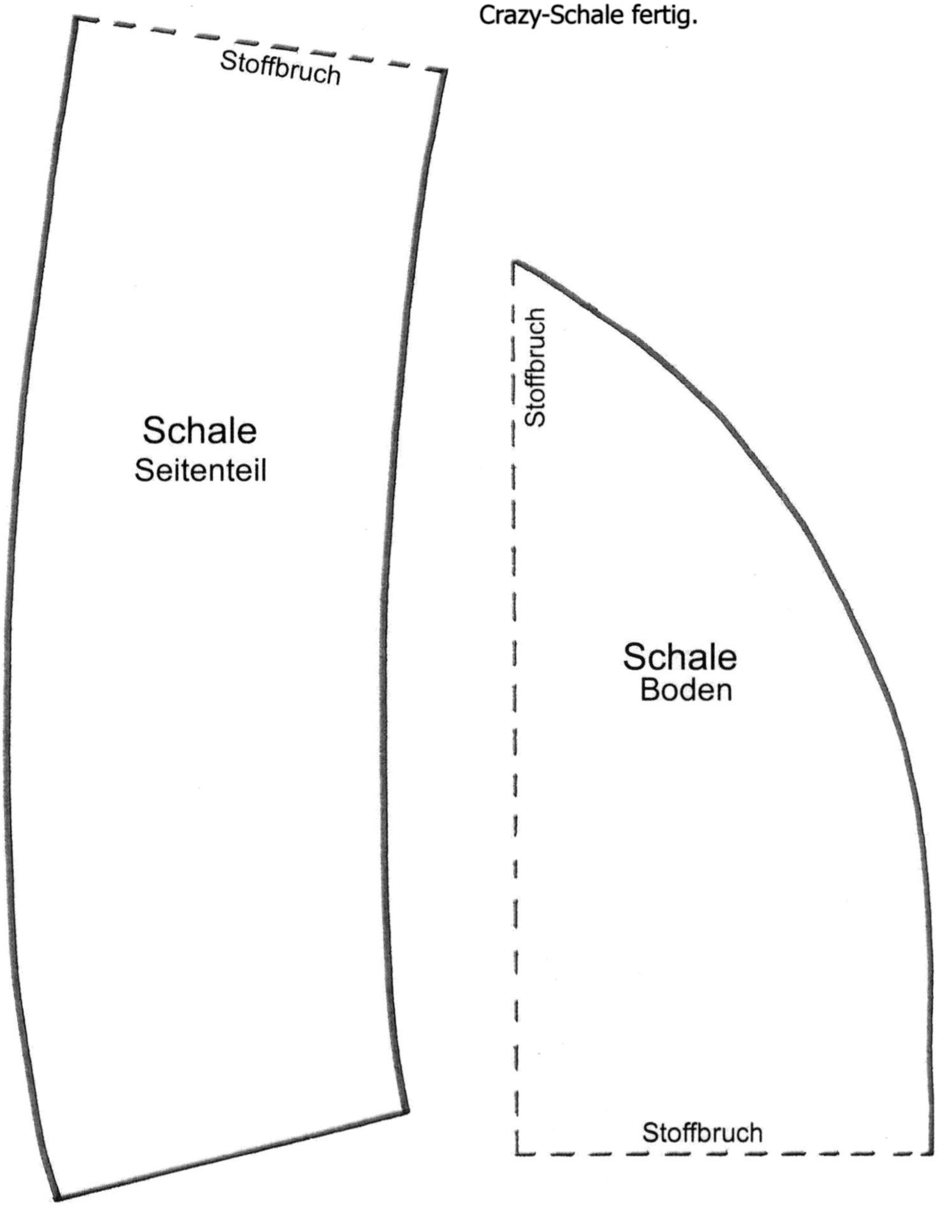

Abb. 133: Schalenschnitt
Abb. 134 (links): Crazy-Schale, Rita Schaffer 2004. Seide, bestickt mit Knopflochseide.

[Crazy-Herz]

(14,5 x 12,5 cm, Abb. 137)

Material

- Rückstoff in Herzgröße plus Nahtzugabe
- Unterstoff in Herzgröße plus Nahtzugabe
- verschiedene Stoffreste
- Stickgarn, Näh- und Quiltfaden
- Perlen, Pailletten
- Band
- Füllwatte (alternativ: Restvlies, Lavendel oder Duftsteinchen)

Ausführung

• Fertigen Sie Schablonen entsprechend der Vorlage und schneiden Sie alle Teile zuzüglich Nahtzugabe aus verschiedenen Stoffen zu (siehe S. 79).

• Umnähen Sie den Rand des Stoffkreises (Teil 8) mit Vorstichen, legen Sie die entsprechende Kartonschablone auf die linke Seite des Stoffkreises und ziehen Sie beide Enden des Fadens, mit welchem Sie den Vorstich genäht haben, solange an, bis die Nahtzugabe glatt auf dem Karton aufliegt (Abb. 135). Bügeln Sie den Kreis beidseitig und entfernen Sie den Karton.

Abb. 135: Stoffkreis

• Nähen Sie die Teile entsprechend den Zahlen der Vorlage auf den herzförmigen Unterstoff (siehe Grundtechniken: Handmethode, S. 91). Als letztes wird der Kreis mit kleinen Überwendlichstichen aufappliziert.

• Besticken Sie alle Nähte und verschönern Sie die Flächen nach Belieben mit Perlen, Pailletten oder Knöpfen.

• Schneiden Sie das Rückenteil entsprechend der Herzvorlage aus.

• Legen Sie das Top und das Rückenteil rechts auf rechts und heften Sie die Teile zusammen. Sie können ein schmales Band für eine Masche oder einen Aufhänger an der gewünschten Stelle anbringen: Legen Sie das Band in der Mitte zusammen und heften Sie es so mit, dass sich die beiden Enden lose im Inneren zwischen Top und Rückenteil befinden.

• Beim Zusammennähen der Teile mit der Maschine ca. 5 cm zum Wenden offen lassen (siehe Markierung auf der Vorlage, Abb. 136).

• Füllen Sie das Herz mit Füllwatte, zerkleinertem Restvlies, Lavendel oder kleinen Duftsteinchen und nähen Sie die offene Stelle mit kleinen Überwendlichstichen zusammen.

! Besonders schön ist das Herz, wenn der Rand mit Knopflochstichen umstickt wird.

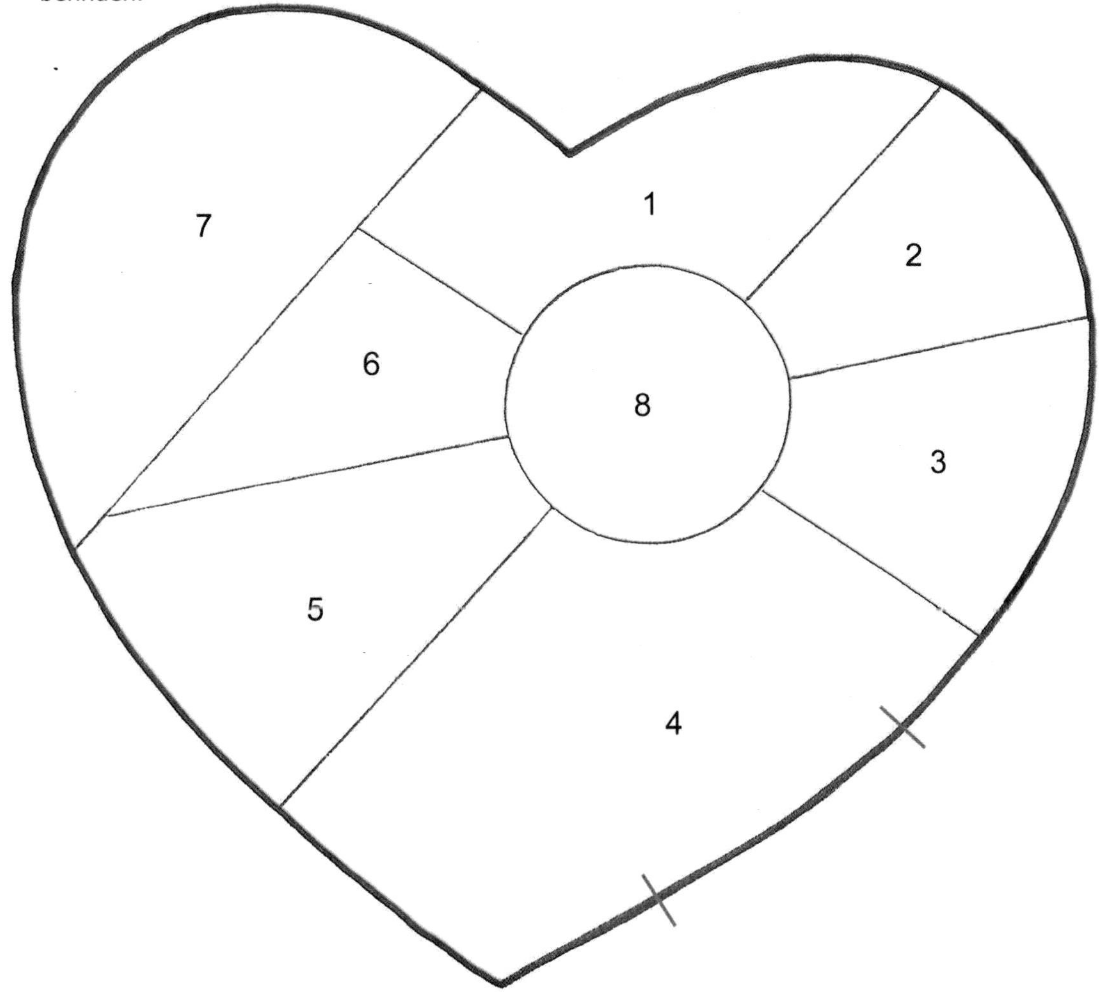

Abb. 136: Vorlage, die Sie (z.B. mit einem Kopiergerät) nach Belieben vergrößern oder verkleinern können.
Abb. 137 (links): Verschiedene Crazy-Herzen, Rita Schaffer 2004.

[Stickstiche]

Vorstich

Abb. 138

Stechen Sie die Nadel bei A aus und bei B ein. Ziehen Sie den Faden vorsichtig an und wiederholen Sie diese Schritte (Abb. 138).

Mehrere Reihen Vorstich können flächenfüllend verwendet und verschieden angeordnet werden (Abb. 139 und 140).

Stopfstich, Webstich

Abb. 139

Schachbrettstich

Abb. 140

Zackenstich

Stechen Sie die Nadel bei A aus, bei B ein, bei C aus, bei B wieder ein und wiederholen Sie ab A (Abb. 141).

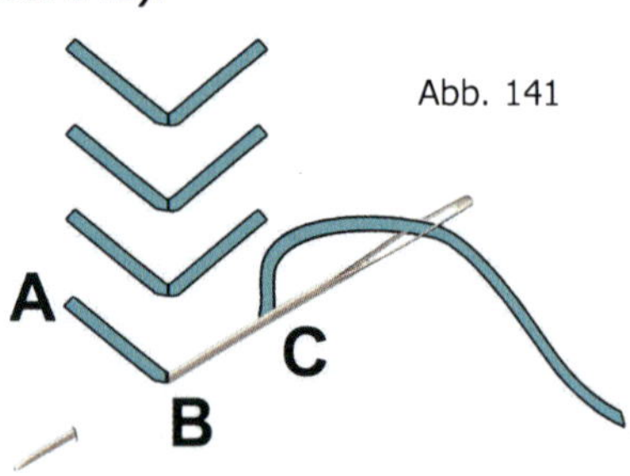

Abb. 141

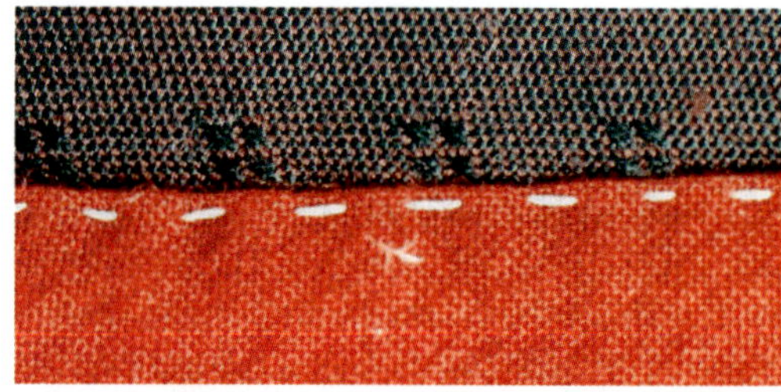

Abb. 142: Vorstich

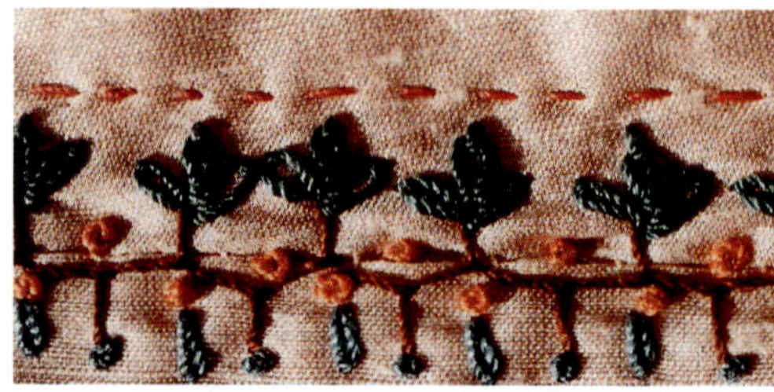

Abb. 143: Vorstich, kretischer Stich, Margeritenstich

Abb. 144: Webstich

Abb. 145: Schachbrettstich

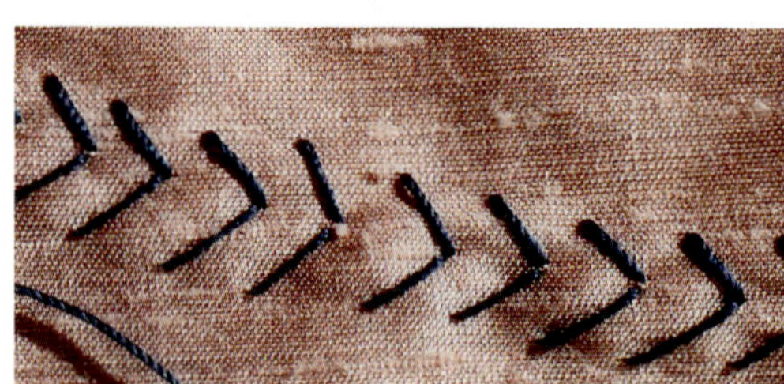

Abb. 146: Zackenstich

Abb. 147: Einfach umschlungener Vorstich

Abb. 148: Doppelt umschlungener Vorstich

Abb. 149: 2 Reihen Vorstich, doppelt umschlungen

Abb. 150: Doppelter Vorstich

Abb. 151: Punktstich

Umschlungener Vorstich

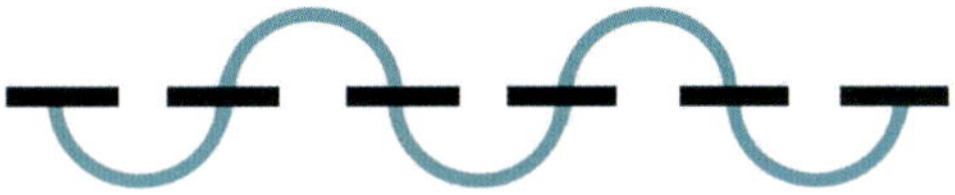

Abb. 152: Einfach umschlungener Vorstich

Arbeiten Sie zuerst eine Reihe Vorstich. Im Anschluss daran umschlingen Sie diesen (mit einem andersfarbigen Garn, einer dünnen Kordel oder einem Seidenband) indem Sie den Faden mit der Nadel unter den einzelnen Stichen abwechselnd von unten und oben durchziehen (Abb. 152).

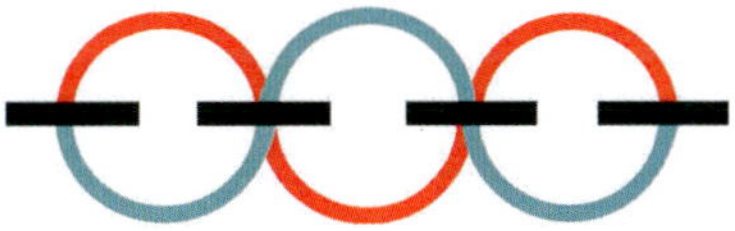

Abb. 153: Doppelt umschlungener Vorstich

Abb. 154: 2 Reihen Vorstich, doppelt umschlungen

Doppelter Vorstich

Abb. 155

Arbeiten Sie zuerst eine Reihe Vorstich. Bei der Rückreihe mit einem anders farbigen Garn stechen Sie in die Zwischenräume der ersten Reihe (Abb. 155).

Punktstich

Abb. 156

Wie Vorstich, jeder Stich wird jedoch doppelt gearbeitet (Abb. 156).

Geradstich

Abb. 157

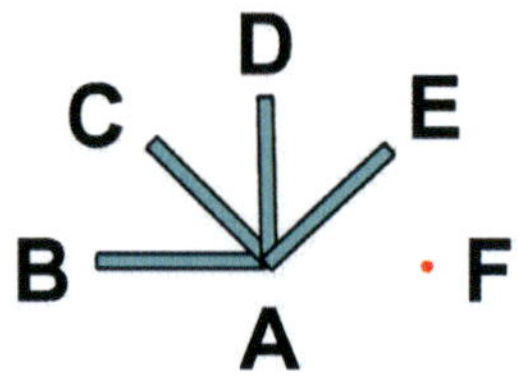

Stechen Sie die Nadel bei A aus, bei B ein, erneut bei A aus und bei C ein, dann bei A aus und bei D ein und wiederholen Sie diese Schritte, bis ein Halbkreis oder ein geschlossener Kreis entsteht (Abb. 157).

Sternstich

Abb. 158

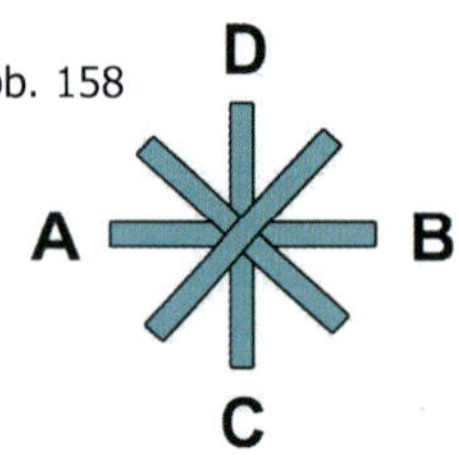

Abb. 159

Stechen Sie die Nadel bei A aus, bei B ein, bei C aus und bei D wieder ein. Wiederholen Sie diese Schritte, bis ein Stern entsteht (Abb. 158). Die Stiche können auch unregelmäßig lang sein. Sie können den Stern mit zwei Stichen in der Mitte befestigen (Abb. 159).

Saatstich

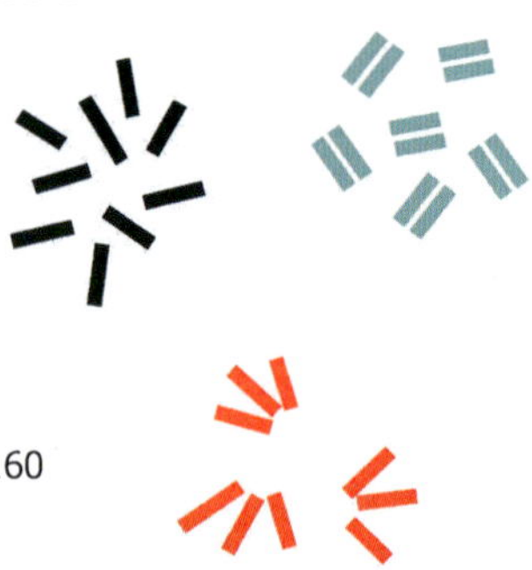

Abb. 160

Die Geradstiche werden unregelmässig angeordnet (Abb. 160).

Abb. 161: Geradstich

Abb. 162: in der Mitte befestigte Sternstiche

Abb. 162: unregelmäßig lange Sternstiche

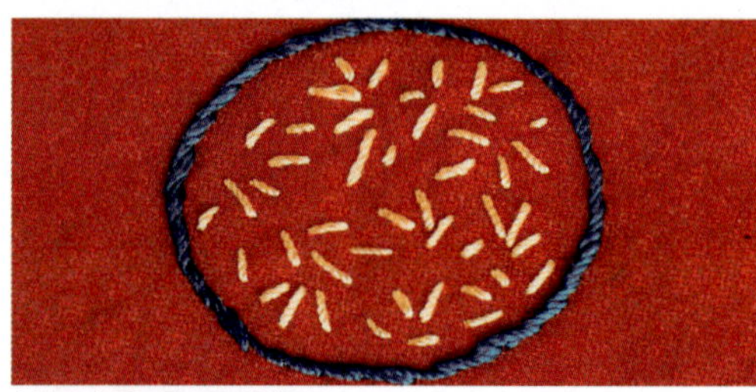

Abb. 163: Saatstich

Abb. 164: Saatstich

Abb. 165: Anlegestich

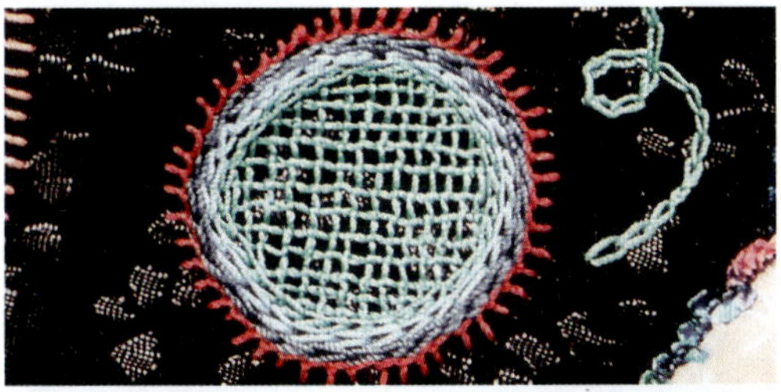

Abb. 166: Anlegestich, Ketten- und Knopflochstich

Abb. 167: Anlegestich

Abb. 168: Anlegestich, Kettenstich

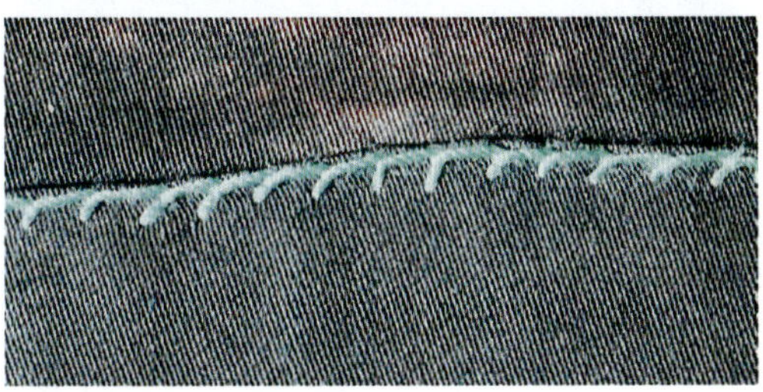

Abb. 169: Schneckenstich

Anlegestich / Klosterstich

Abb. 170

Es wird mit zwei Fäden gearbeitet: Wenn der Unterlegfaden nicht allzu dick ist, stechen Sie diesen mit der Nadel bei A aus. Dicke Unterlegfäden werden nur aufgelegt. Stechen Sie jetzt mit dem Überfangfaden bei A aus und bei B wieder ein, um den Unterlegfaden zu besfestigen. Wiederholen Sie diese Schritte bis ans Ende der Reihe. Abschließend wird der Unterlegfaden bei 2 nach unten gezogen (Abb. 170).

Abb. 171

Sie können auch mehrere Fäden umschlingen oder mehrere Reihen flächendeckend anordnen (Abb. 171 und 172).

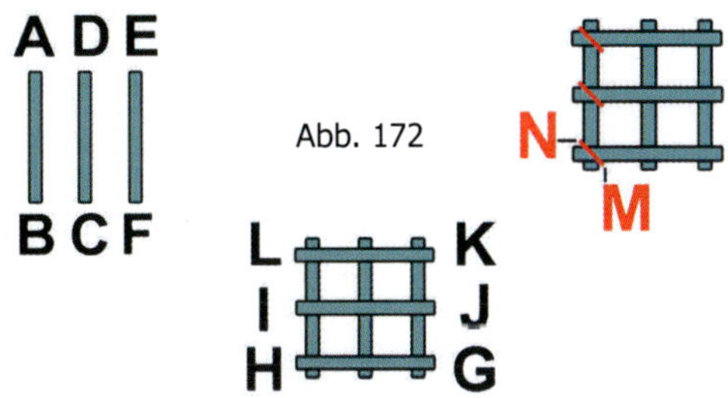

Abb. 172

Schneckenstich

Stechen Sie bei A aus, bei B ein und bei C aus. Beachten Sie, dass der Faden bei C unter der Nadel liegt. Wiederholen Sie ab B (Abb. 173).

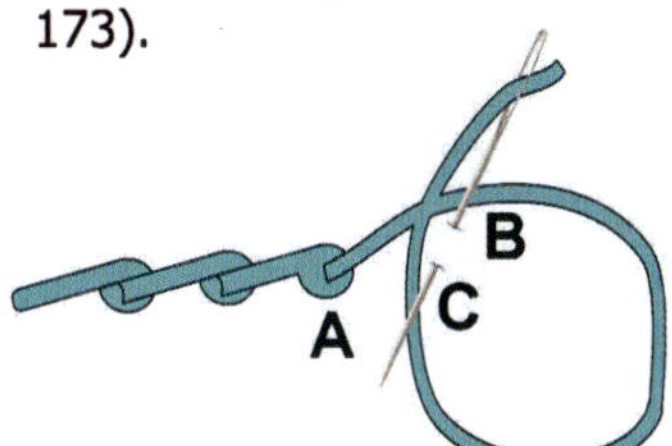

Abb. 173

Fliegenstich

Stechen Sie bei A aus, bei B ein und bei C mit der Nadel über dem Faden wieder aus. Dann bei D einstechen und ab A wiederholen (Abb. 174).

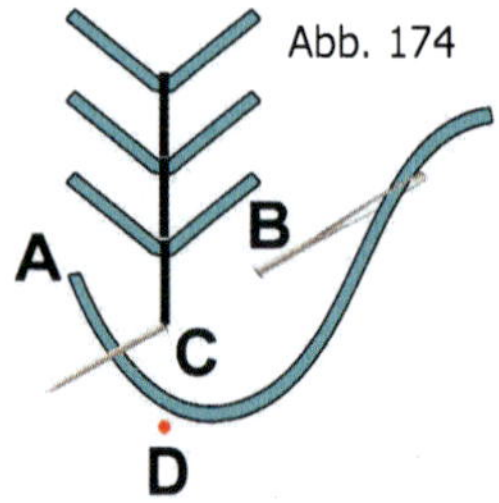

Abb. 174

Der Fliegenstich kann auch parallel gearbeitet werden (Abb. 175).

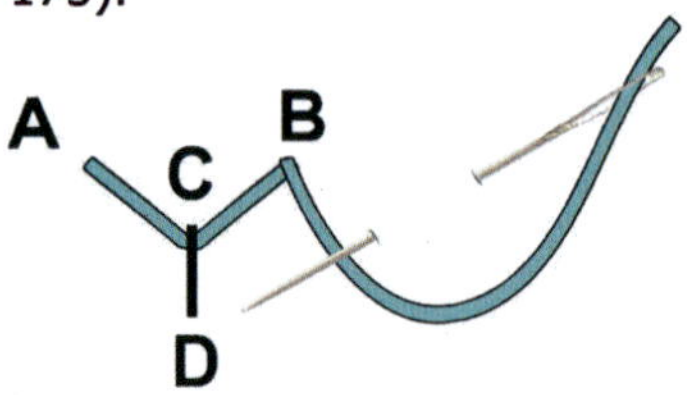

Abb. 175

Rückstich

Stechen Sie bei A aus, bei B ein, bei C aus, erneut bei B ein, bei D aus. Wiederholen Sie diese Schritte (Abb. 176).

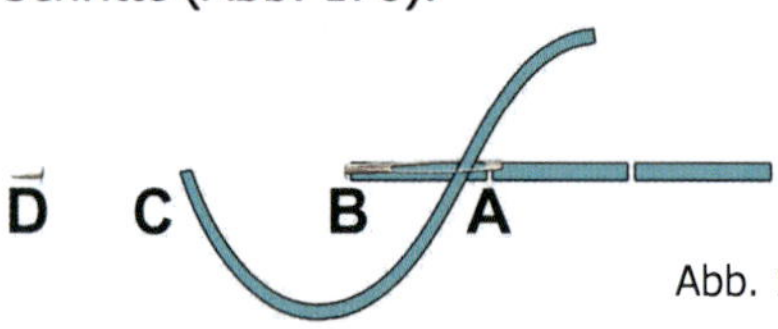

Abb. 176

Umschlungener Rückstich

Abb. 177

Der Rückstich wird mit einem andersfarbigen Garn beidseitig umschlungen (Abb. 177).

Pekingstich

Der Rückstich wird mit einem andersfarbigen Garn, wie auf Abb. 178 abgebildet, umschlungen.

Abb. 178

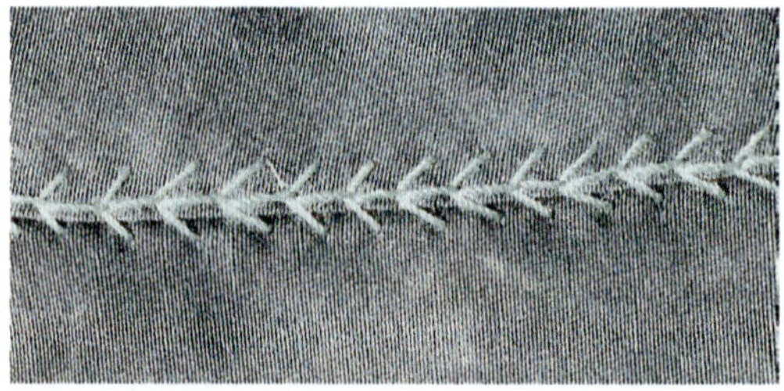
Abb. 179: Fliegenstich

Abb. 180: Fliegenstich mit Knötchen

Abb. 181: Rückstich

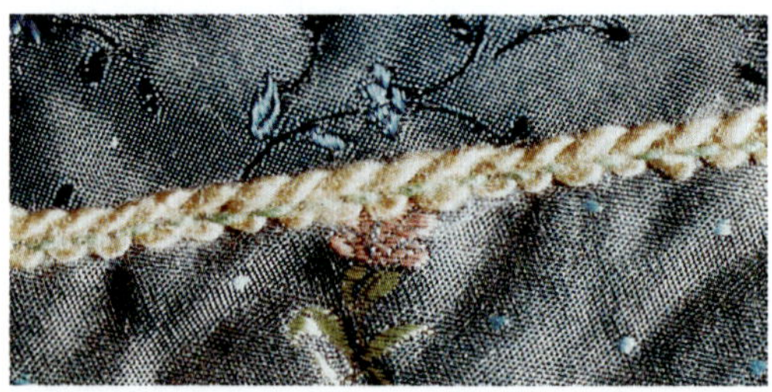
Abb. 182: Pekingstich

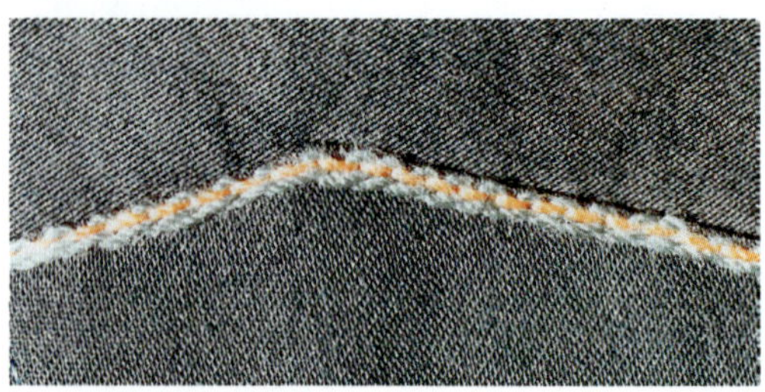
Abb. 183: Pekingstich

Abb. 184: Kreuzstich

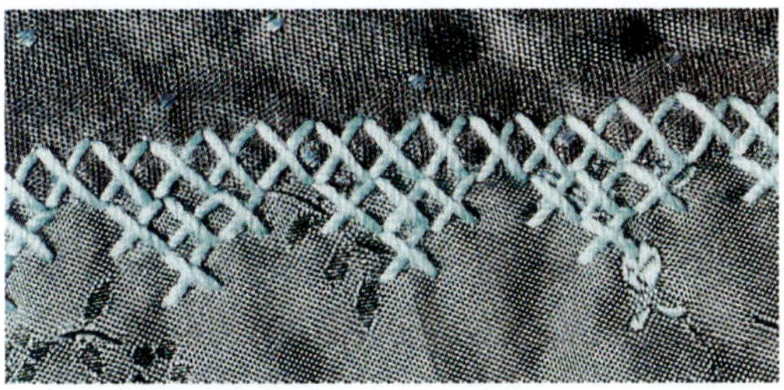

Abb. 185: Kreuzstich

Abb. 186: Rautenstich mit Knötchen

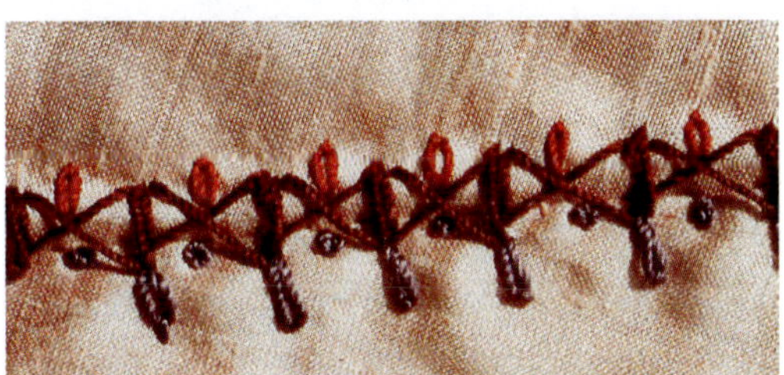

Abb. 187: Rautenstich, Margeriten- und Knötchenstich

Abb. 188: Stielstich

Kreuzstich

Abb. 189

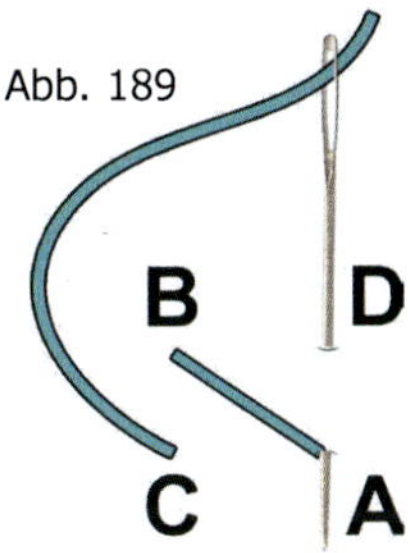

Stechen Sie bei A aus, bei B ein, bei C aus und bei D wieder ein (Abb. 189).

Sie können auch zuerst eine Reihe schräger Stiche und dann die Rückreihe entgegengesetzt arbeiten (Abb. 190).

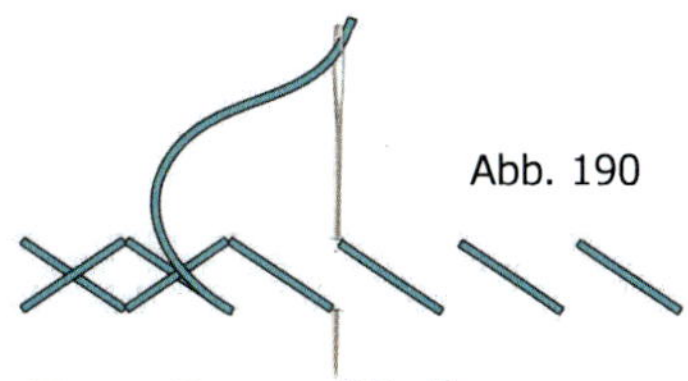

Abb. 190

Rautenstich

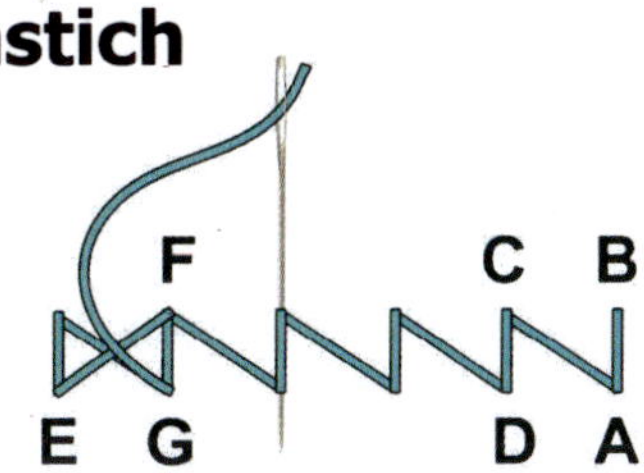

Abb. 191

Stechen Sie bei A aus, bei B ein, bei C aus und bei D wieder ein. Wiederholen Sie bis ans Ende der Reihe. Für die Rückreihe stechen Sie bei E aus, bei F ein und bei G wieder aus. Wiederholen sie diese Schritte (Abb. 191).

Stielstich

Stechen Sie bei A ein und bei B aus. Die Stiche sollen eng aneinander liegen (Abb. 192).

Dieser Stich kann für Konturen oder flächendeckend verwendet werden.

Abb. 192

Federstich

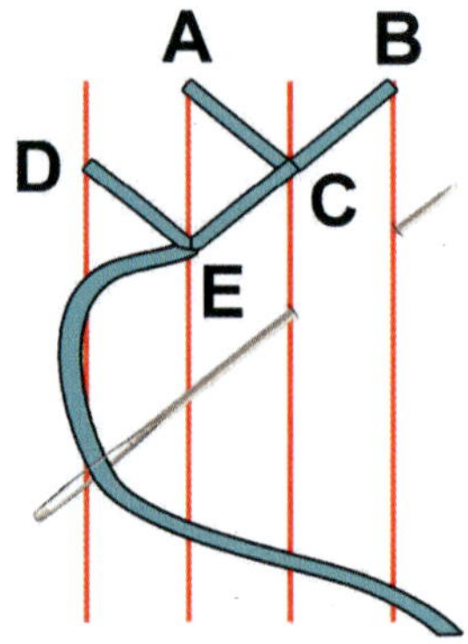

Abb. 193

Stechen Sie bei A aus, bei B ein und bei C mit der Nadel über dem Faden wieder aus. Anschließend stechen Sie bei D ein und bei E mit der Nadel über dem Faden aus. Wiederholen Sie diese Schritte (Abb. 193).

Sie können diesen Stich auch mehrfach versetzt arbeiten (Abb. 195).

Abb. 195: Federstich mit Knötchen

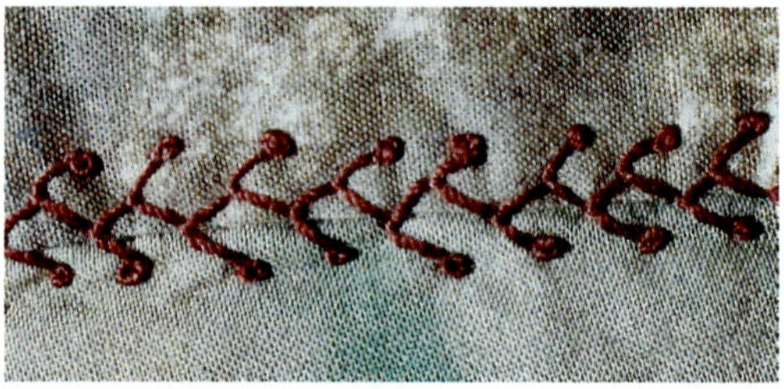

Abb. 196: Federstich mit Knötchen

Wabenstich

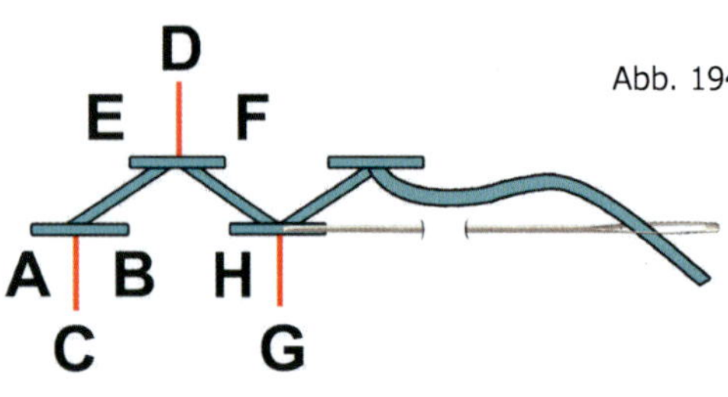

Abb. 194

Stechen Sie bei A aus, bei B ein und anschließend in der Mitte dieses Geradstiches, bei C wieder aus. Stechen Sie die Nadel danach bei D ein, bei E aus, bei F ein und in der Mitte des Geradstiches, bei D wieder aus. Anschließend stechen Sie bei G ein und bei H wieder aus. Wiederholen Sie diese Schritte bis ans Ende der Reihe (Abb. 194).

Abb. 197: Wabenstich

Abb. 198: Wabenstich mit Margeritenstich

Abb. 199: Waben- und Margeritenstich mit Knötchen

Abb. 200: Hexenstich

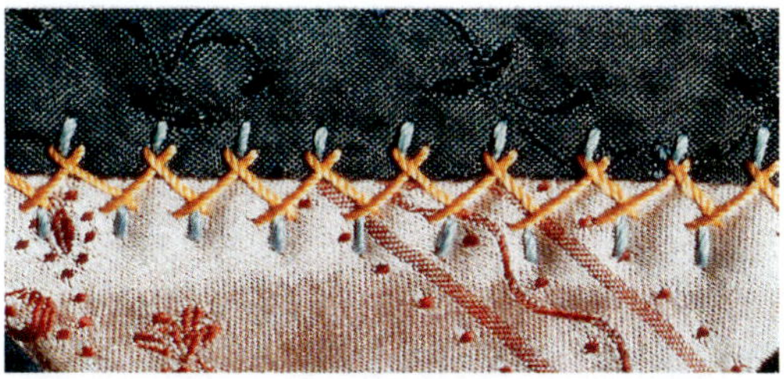

Abb. 201: Hexenstich in Kombination mit Vorstich

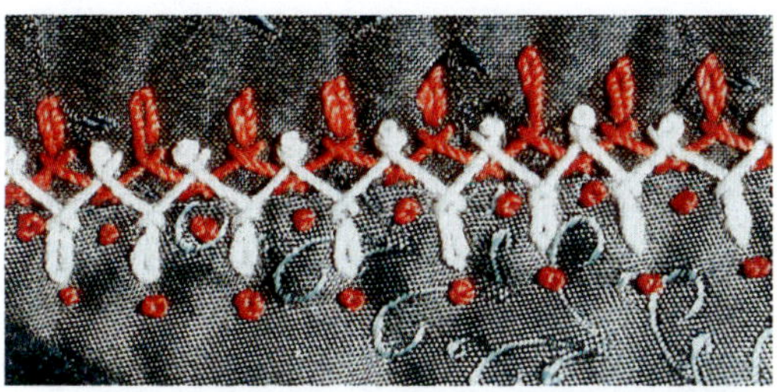

Abb. 202: Doppelter Hexenstich, Margeriten, Knötchen

Abb. 203: Kretischer Stich

Abb. 204: Kretischer Stich, Margeriten, Knötchen

Hexenstich

Stechen Sie bei A aus, bei B ein und bei C wieder aus. Anschließend bei D einstechen und ab A wiederholen (Abb. 205).

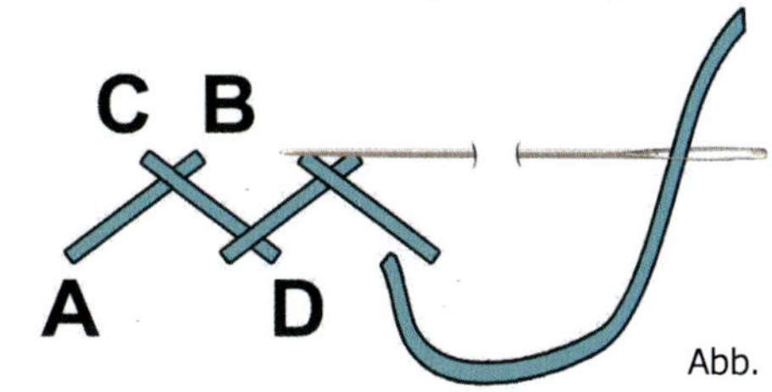

Abb. 205

Umschlungener Hexenstich

Der Hexenstich wird mit einem meist andersfarbigen Garn umschlungen (Abb. 206).

Abb. 206

Kretischer Stich

Stechen Sie bei A aus, bei B ein und bei C aus. Anschließend bei D einstechen und ab A wiederholen. Beachten Sie, dass der Faden bei A unter der Nadel liegt (Abb. 207).

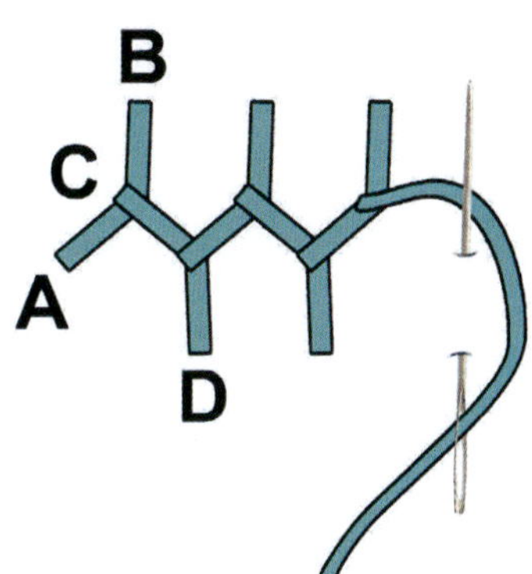

Abb. 207

Kettenstich

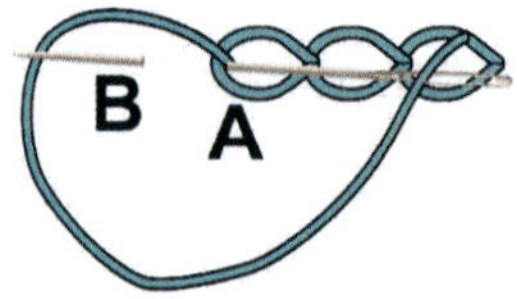

Abb. 208

Stechen Sie bei A aus, beim gleichen Punkt ein und bei B wieder aus. Beachten Sie, dass das Garn dabei unter der Nadel liegt, damit eine Schlinge entsteht. Dieser Schritt wird wiederholt, bis eine Kette entsteht (Abb. 208).

Der Kettenstich kann auch flächendeckend verwendet werden, indem mehrere Reihen nebeneinander angeordnet werden.

Zickzackkettenstich

Dieser Stich wird wie der Kettenstich gearbeitet aber in einer Zickzacklinie angeordnet (Abb. 209).

Abb. 209

Margeritenstich

Arbeiten Sie eine Schlinge wie beim Kettenstich und befestigen Sie diese mit einem kleinen Vorstich. Wenn Sie mehrere Stiche kreis- oder halbkreisförmig anordnen, entsteht eine Blütenform (Abb. 210).

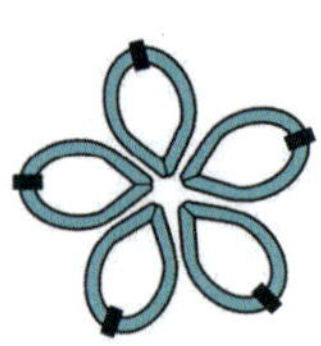

Abb. 210

Abb. 211: Kettenstich

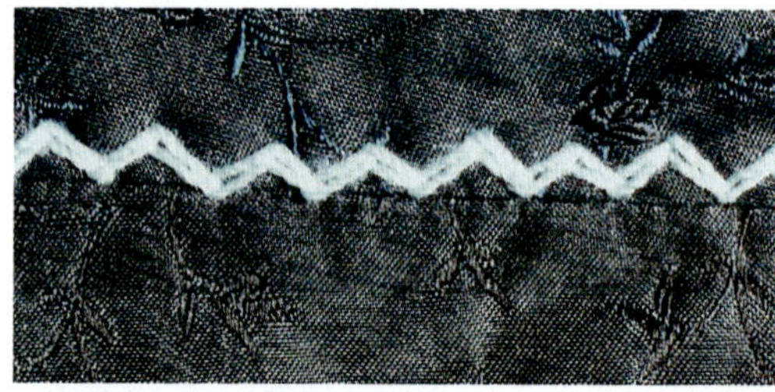

Abb. 212: Zickzackkettenstich

Abb. 213: Margeritenstich

Abb. 214: Wabenstich mit Margeriten

Abb. 215: Stielstich, Fliegenstich, Margeriten

Abb. 216: Gefiedeter Kettenstich mit Knötchen

Abb. 217: Gefiedeter Kettenstich

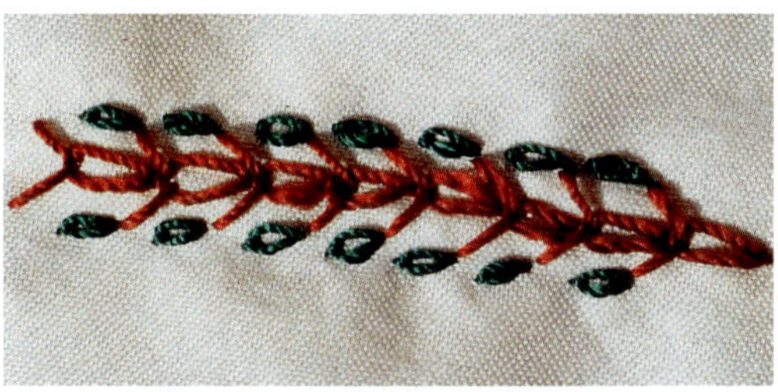

Abb. 218: Ährenstich mit Margeritenstich

Abb. 219: Ährenstich

Abb. 220: Ährenstich mit Perlen

Gefiedeter Kettenstich

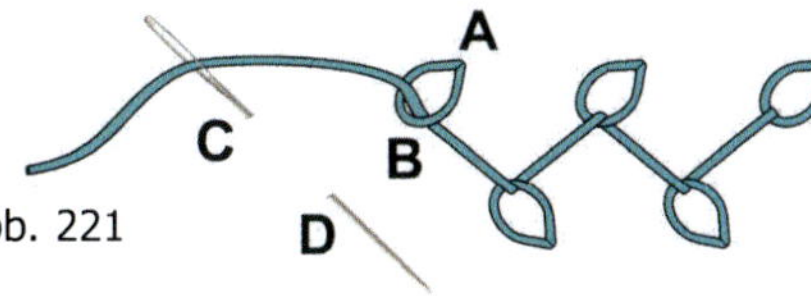

Abb. 221

Stechen Sie bei A aus und legen Sie eine Schlinge wie beim normalen Kettenstich, stechen Sie erneut bei A ein und dann bei B über der Schlinge aus (Abb. 221).

Stechen Sie jetzt bei C ein und bei D aus. Legen Sie wieder eine Schlinge und stechen Sie bei D ein und bei C über der Schlinge aus. Dann stechen Sie bei E ein und bei F wieder aus. Wiederholen Sie diese Schritte (Abb. 221 und 222).

Abb. 222

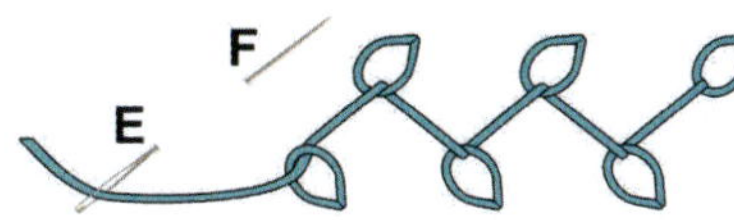

Ährenstich

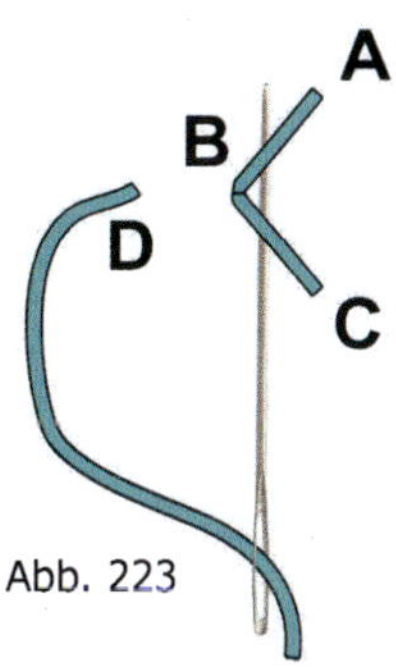

Abb. 223

Stechen Sie bei A aus, bei B ein, bei C aus, erneut bei B ein und anschliessend bei D aus. Führen Sie nun die Nadel unter den zwischen B, A und C gespannten Fäden durch (Abb. 223).

Anschließend stechen Sie bei D ein und bei E wieder aus. Diese Schritte werden dann bis ans Ende der Reihe wiederholt (Abb. 224).

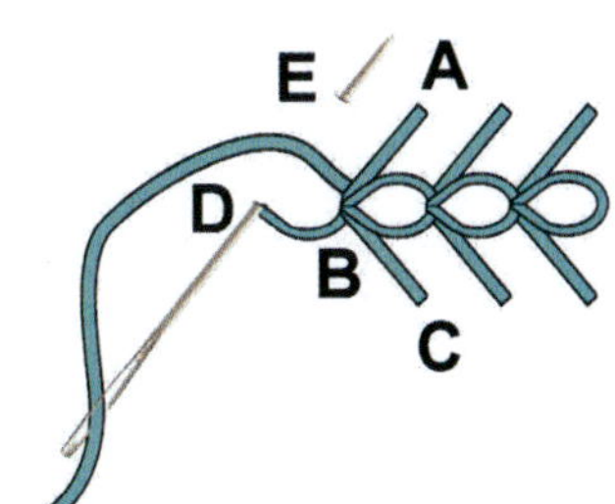

Abb. 224

Knopflochstich

Stechen Sie bei A aus, bei B ein und bei C wieder aus, wobei Sie beachten müssen, dass der Faden unter der Nadel liegt. Wiederholen Sie ab B (Abb. 225).

Abb. 225

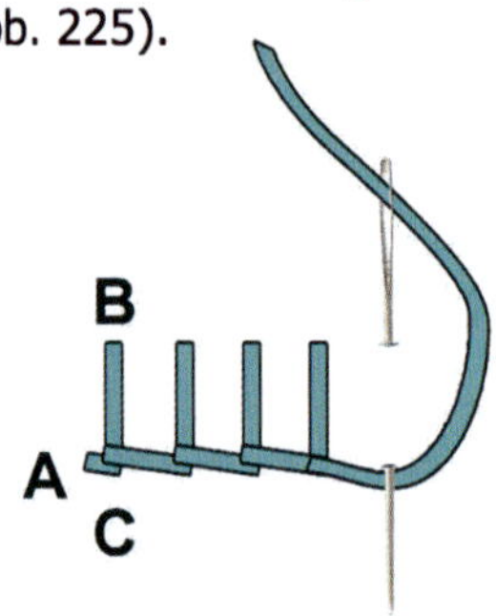

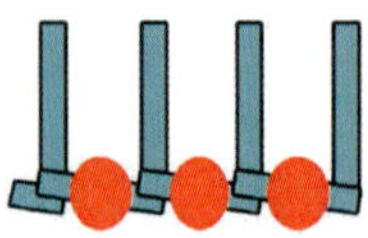

Abb. 226: Knopflochstich mit Perlen

Der Knopflochstich kann in einer Reihe oder auch in einem Kreis oder Halbkreis gearbeitet werden. Wenn Sie die Stichlänge variieren, entstehen verschiedene Zacken- oder Wellenmuster.

Der Knopflochstich eignet sich ausgezeichnet zur Versäuberung einer Stoffkante. Für eine besonders schöne Einfassung können Sie zwischen den einzelnen Knopflochstichen Perlen einfädeln (Abb. 226).

Geschlossener Knopflochstich

Stechen Sie bei A aus, bei B ein und bei C wieder aus. Dabei muss der Faden unter der Nadel liegen. Anschließend bei A ein- und bei B wieder ausstechen. Wiederholen Sie diese Schritte (Abb. 227).

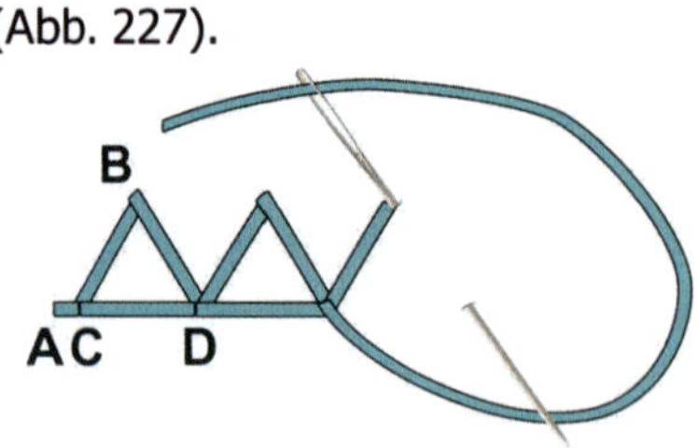

Abb. 227

Abb. 228: Knopflochstich

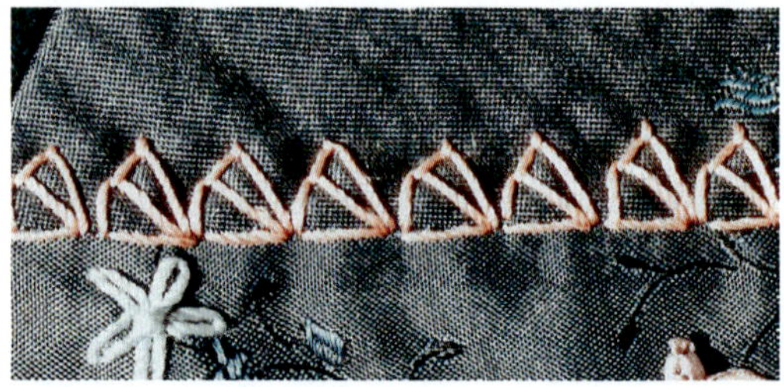

Abb. 229: Knopflochstich

Abb. 230: Knopflochstich mit Knötchen

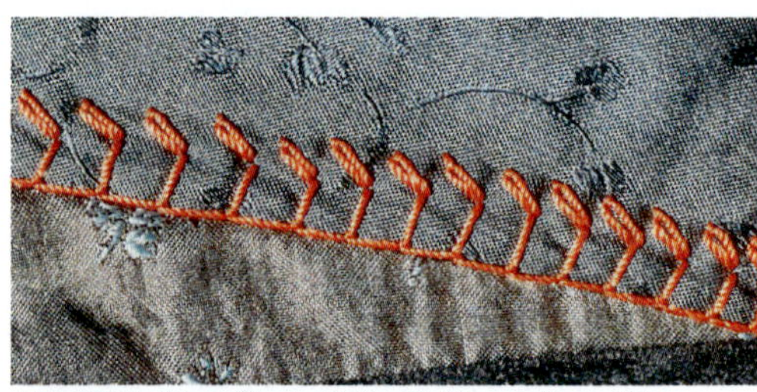

Abb. 231: Knopflochstich mit Margeritenstich

Abb. 232: Geschlossener Knopflochstich mit Knötchen

Abb. 233: Kretischer, Margeriten- und Knötchenstich

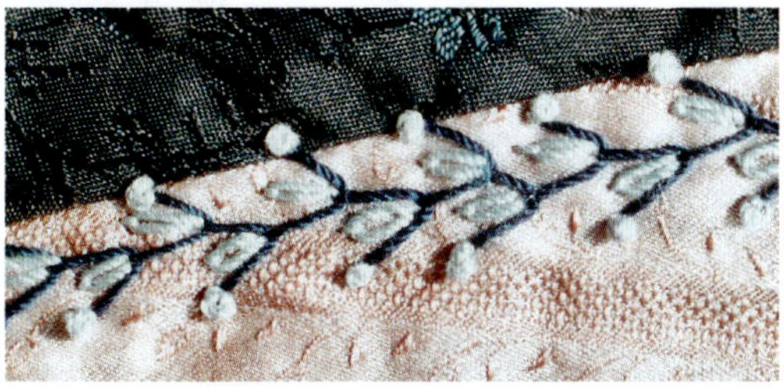

Abb. 234: Federstich, Knötchen- und Margeritenstich

Abb. 235: Fliegenstich, Margeriten- und Knötchenstich

Abb. 236: Knopfloch-, Vorsitch, Margeriten, Knötchen

Abb. 237: Bouillonrosen

Knötchenstich

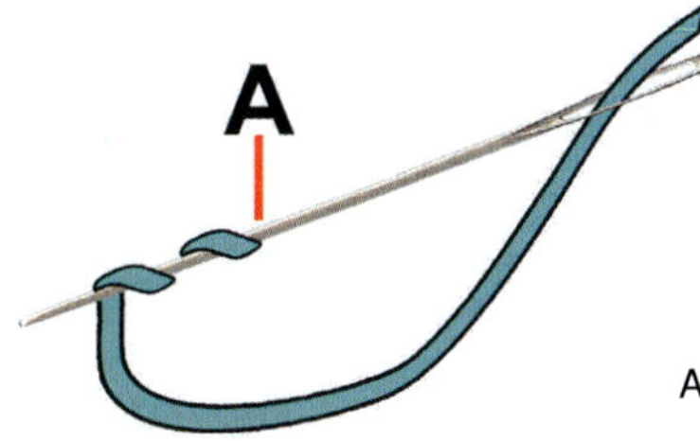

Abb. 238

Stechen Sie bei A aus, wickeln Sie den Faden zweimal um die Nadel und stechen Sie anschließend wieder bei A ein (Abb. 238).

Die Knötchengröße kann mit einer, zwei oder drei Umwicklungen variiert werden.

Dieser Stich kann in Verbindung mit zahlreichen anderen Stichen ausgeführt werden.

Wickelstich, Bouillonstich

Stechen Sie bei A aus bei B ein un erneut bei A aus, ohne jedoch die Nadel durchzuziehen (Abb. 239).

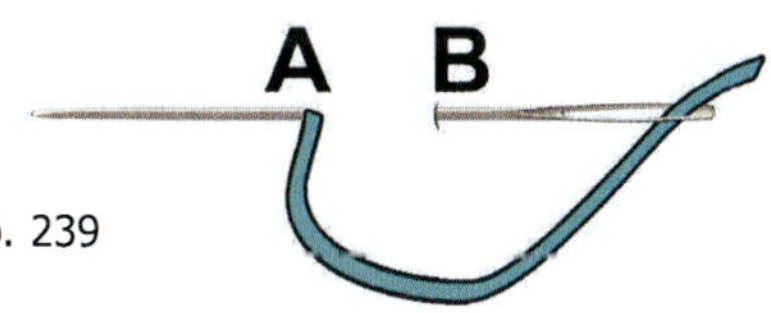

Abb. 239

Anschließend umwickeln Sie die Nadel so oft mit dem Faden, bis die Länge des Stiches erreicht wird, halten Sie die Schlingen mit dem Daumen fest und ziehen Sie die Nadel vorsichtig durch. Stechen Sie dann bei B ein und ziehen Sie den Faden an, bis der Stich glatt liegt (Abb. 240). Mit diesem Stich können sehr schöne Rosen gestickt werden.

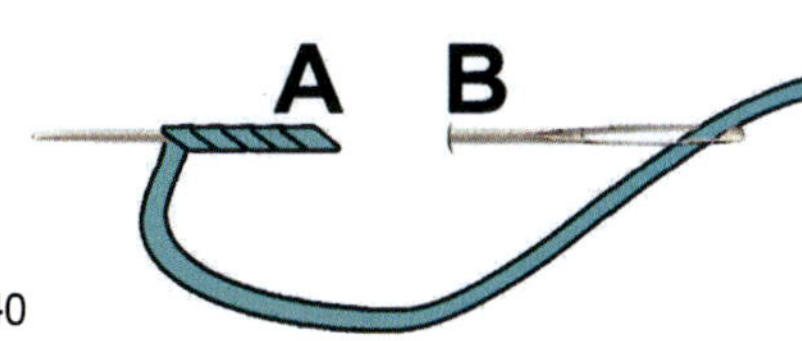

Abb. 240

[Perlen und Pailletten]

Befestigung einzelner Perlen

Mit dem Faden ausstechen, die Perle auffädeln und wieder einstechen. Die Stickerei wird haltbarer, wenn Sie jede Perle doppelt befestigen und anschließend einen kleinen Rückstich machen. Sie können auch nach jeder Perle auf der Unterseite des Stoffes einen Knopf anbringen, um diese einzeln zu sichern.

Für das Befestigen von Perlen eignet sich Quiltfaden besonders gut.

Befestigung einer Perlenreihe

Stechen Sie den Faden bei 1 aus und reihen Sie die gewünschte Anzahl von Perlen auf. Stechen Sie die Nadel anschließend bei 2 ein und bei A wieder aus. Danach stechen Sie bei B ein, um den Faden zwischen den Perlen mit kleinen Überfangstichen zu befestigen (Abb. 241).

Abb. 241

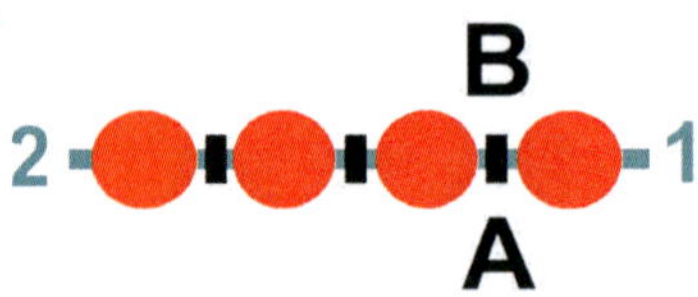

Verzierung von Knöpfen mit Perlen

Nähen sie den Knopf mit 2-3 Stichen an, stechen Sie die Nadel dann durch eines der Löcher des Knopfes aus und fädeln Sie so vile Perlen auf, bis der Abstand zwischen den zwei Löchern bedeckt ist. Stechen Sie die Nadel durch das andere Loch des Knopfes auf die Rückseite, stechen Sie anschließend noch einmal durch den Knopf und die Perlen und vernähen Sie den Faden auf der Rückseite.

Für die Umrundung des Knopfes mit Perlen stechen Sie die Nadel eng am Knopf anliegend aus und fädeln Sie 3 Perlen auf. Stechen Sie dann ein und wieder aus, so dass Sie noch einmal durch die letzten zwei Perlen stechen können und fädeln Sie zwei neue Perlen auf. Wiederholen Sie diese Schritte, bis sich die Perlenreihe um den Knopf schließt. Ziehen Sie jetzt den Faden noch einmal durch alle Perlen, damit der Kreis eine schöne Form und Stabilität erhält (Abb. 242 und 244).

Abb. 242

«Blumen» aus Perlen

Fädeln Sie Perlen, Stäbchenperlen und Pailletten wie auf Abb. 243 dargestellt auf, um vorstehende «Perlenblumen» zu formen.

Abb. 243

Abb. 244

Befestigung von Pailletten mit Perlen

Stechen Sie die Nadel aus, fädeln Sie zuerst eine Paillette und dann eine Perle auf und stechen sie dann durch das Loch der Paillette durch den Stoff aus. Anschließend können sie die Paillette mit einem kleinen Rückstich oder einem Knopf sichern (Abb. 245).

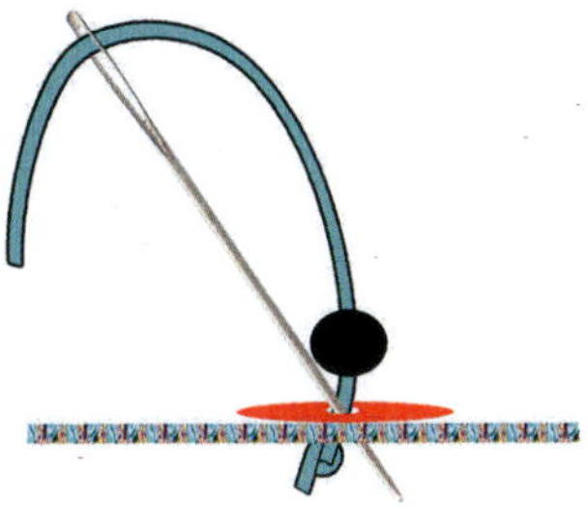

Abb. 245

Paillettenreihen

Stechen sie bei A aus, fädeln sie eine Paillette auf, stechen Sie bei B ein, bei C aus, erneut bei A ein und anschließend bei D aus. Wiederholen Sie diese Schritte bis ans Ende der Reihe (Abb. 246).

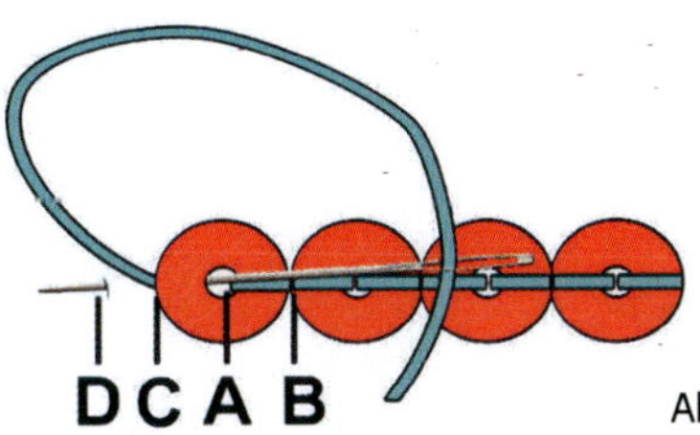

Abb. 246

Eine andere Möglichkeit ist, die Paillettenreihe überlappend aufzunähen: Stechen Sie bei A aus, fädeln Sie eine Paillette auf, stechen Sie bei B ein und bei C wieder aus. Wiederholen Sie bis ans Ende der Reihe (Abb. 250).

Natürlich können Sie auch fertige Paillettenbänder in einem Handarbeits- oder einem Patchworkfachgeschäft kaufen und aufnähen.

Abb. 247: Fächer mit Pailletten und Perlen

Abb. 248: Doppelter Knopflochstich mit Pailletten

Abb. 249: Aufgenähte Paillettensterne

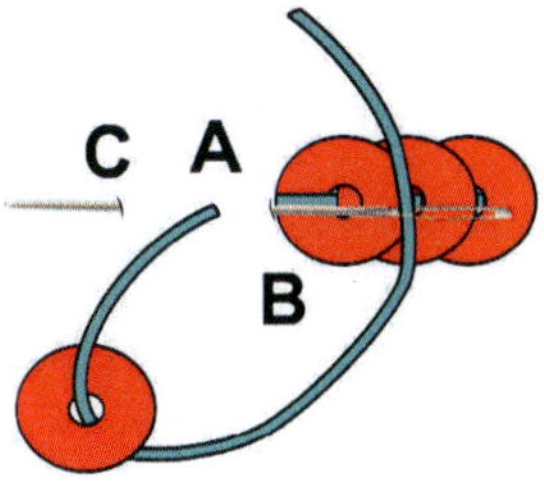

Abb. 250

[ANHANG]

Das viktorianische Zeitalter im Überblick

1819 Geburt von Königin Viktoria

1837 Krönung Viktorias zur Königin Englands.

1845 Mit Hilfe der ungeschützten Idee des Österreichers Josef Madersperger gelang dem Amerikaner Elias Howe die Herstellung der ersten einwandfrei funktionierenden Doppelsteppstich-Nähmaschine.

1847 Veröffentlichung des Kommunistischen Manifests.

1849 Erfindung des mechanischen Rutenstuhls: Durch diesen Webstuhl wurde die Herstellung von Samt wesentlich vereinfacht und somit erschwinglicher

Durch den *Married Womens Property Act of New York* erhalten Frauen das Recht, ihr Eigentum auch nach der Eheschließung zu behalten.

Elizabeth Blackwell schließt als erste amerikanische Frau das Studium der Medizin ab.

1850 Der österreichische Erfinder der Nähmaschine, Josef Madersperger verstirbt in einem Armenhaus.

1851 Isaac Merrit Singer stellte die ersten Nähmaschinen nach der Idee von Howe fabriksmäßig her. Der Amerikaner Elias Howe patentiert einen Vorläufer des heutigen Reißverschlusses.

Great Exhibition im Kristallpalast, London

Harriet Beecher Stowe veröffentlicht ihren Roman Onkel Tom´s Hütte, in welchem sie die Unmenschlichkeit des Sklaventums aufzeigt.

1853 Nach der gewaltsamen Öffnung der Häfen durch amerikanische Kriegsschiffe orientierte sich Japan politisch, wirtschaftlich und kulturell nach dem Westen.

1856 Der britische Chemiker William Perkin stellte den ersten künstlichen Farbstoff, das Mauvein, her, mit dem auch Seide gefärbt werden konnte. Die Lyoner Seidenfärber prägten mit diesem Farbstoff eine neue Modefarbe, die im 19. Jahrhundert sehr beliebt war.

1857 Zur Förderung der amerikanischen Seidenproduktion wurden die Einfuhrzölle für den edlen Stoff stark erhöht, Rohseide konnte jedoch zollfrei importiert werden.

1859 Charles Darwin veröffentlicht sein Werk «Über die Entstehung der Arten durch natürliche Auslese».

1861 Beginn des amerikanischen Bürgerkriegs.

1865 Ende des amerikanischen Bürgerkriegs. Ermordung des Präsidenten Abraham Lincoln.

Abschaffung der Sklaverei.

1867 Auf der Pariser Weltausstellung wurden erstmals in Europa Farbholzschnitte der japanischen Künstler Kokusai, Hiroshige und Utamaro ausgestellt.

Kauf Alaskas.

1868 Das Wahlrecht der Schwarzen wird anerkannt.

1869 Die Chemiker Graebe und Liebermann entdeckten die Möglichkeit, aus Teerstoffen Farben herzustellen, mit denen es möglich war, Textilien jeder Art zu färben.

Eröffnung des Suezkanals. Importe aus Japan werden billiger.

1870 Einführung der Schulpflicht in England.

Victoria Woodhull wird zur ersten Brokerin an der Wallstreet. Zwei Jahre später ließ sie sich als erste weibliche Präsidentschaftskandidatin aufstellen, in einer Zeit, in der Frauen nicht einmal das Wahlrecht hatten.

Gründung des *Metropolitan Museum of Art* in New York.

1876 Weltausstellung in Philadelphia.

Königin Viktoria wird Kaiserin von Indien.

1878 Dem deutschen Chemiker Adolf von Bayer gelingt die erste Vollsynthese von Indigo.

1879 Thomas Edison erfindet das elektrische Licht.

1882 In Philadelphia wurde eine große Seidenmesse von der *Women´s Silk Culture Association* organisiert, auf der alle Sektoren der Seidenindustrie sowie die neuesten Techniken vorgestellt wurden.

1884 Dem französischen Industriellen, Graf Bernigaud de Chardonnet, gelingt es ein kommerzielles Verfahren zur Herstellung von künstlicher Seide aus Cellulose zu entwickeln.

1888 Die Kodak-Kamera wird erfunden.

1889 Bau des Eiffelturms für die Weltausstellung in Paris.

1890 Graf Bernigaud de Chardonnet gründet in Besançon die erste Kunstseidenfabrik.

1893 Whitcomb L. Judson erhält das Patent für die Erfindung des *clasp lockers*, einem weiteren Vorläufer des Reißverschlusses.

Neuseeland ist das erste Land, in dem das Frauenwahlrecht eingeführt wird.

1895 Louis Lumière drehte seinen ersten Film, in welchem Arbeiter eine Fabrikhalle verlassen.

1897 Das Frauenwahlrecht wird in Colorado eingeführt.

1898 Spanisch-Amerikanischer Krieg

Annektion Hawaiis

1900 Siegmund Freud veröffentlicht sein Werk «Traumdeutung».

1901 Tod von Königin Viktoria.

Anmerkungen

1 Vgl. McCabe 1975, S. 218
2 McCabe 1975, S. 148. Originaltext: «...the variety and beauty of which were one of the great surprises of the Exhibition.»
3 McCabe 1975, S.149, Originaltext: «...were painted and embroidered with scenes in the daily life of the people. The outlines of the figures and the landscapes were painted, and the costumes, faces, animals and houses, etc., were worked out in relief with embroidery. One could find in these screens abundant means for a study of Japanese life and manners.»
4 Wheeler 1918, S. 147. Originaltext: «Yes, he says it keeps me busy and makes up to me for not voting.»
5 Vgl. Koren 1995
6 Vgl. Takaki 2001, S. 173
7 Bei der Herstellung eines Farbholzschnittes waren normalerweise vier Personen beteiligt: der Künstler, der Schnitzer, der Drucker und der Verleger.
8 Vgl. Wichmann 1999, S. 224
9 Vgl. Noma 1974, S. 157
10 Yosegire, nuiawase und kiritsugi sind Synonyme und bedeuten «zusammennähen».
11 Vgl. Wichmann 1999, S. 206
12 Vgl. Marubeni Collection 1994, S. 404
13 Harper´s Bazaar, July 25, 1885 (Wrapped in Glory). Originaltext: «Japanese confusion, which is at heart the highest artistic order, reigns.»
14 Gunn 1984, S. 143. Originaltext: «There is method in its madness, however, and put together with a good understanding of color effects, the crazy quilt may prove an artistic piece of work».
15 Duke 1996, S. 153
16 American Heritage Dictionary 2000, Originaltext: « A patchwork quilt of pieces of cloth of various shapes, colors, and sizes, sewn together in an irregular pattern. »
17 Montano 2001, S.6. Originaltext: «...method of laying down bits and pieces of fabric in a haphazard fashion and [...] each seam is covered with decorative details and a combination of embroidery.»
18 Gwinner 1987, S. 140
19 Vgl. Maryland Historical Society: www.mdhs.org
20 Vgl. Duke 1996, S. 150
21 Gunn 1984, S. 142. Originaltext: «New work, which consists of scraps of all kinds being appliquéd on to serge, and ornamented with colored silks, in imitation of Eastern work».
22 Duke 1996, S. 151
23 Gunn 1984: S. 146. Originaltext: «The time, patience, stitches and mistakes the crazy quilt represents, are too awful for words».
24 Hall 1995, S. 82. Originaltext:«Patchwork? Ah, no! It was memory, imagination, history, biography, joy, sorrow, philosophy, religion, romance, realism, life, love, and death; and over all, like a halo, the love of the artist for his work and the soul´s longing for earthly immortality.»
25 Timmermann 1986, S. 51
26 Timmermann 1986, S. 51
27 *Nui* bedeutet Stickerei, *haku* metallischer Blattaufdruck (Marubeni Collection 1994, S. 409)
28 Perlen 1996, S. 21
29 Vgl. Happe, Gisela: The History of Beads. Internet: www.beadexpo.com/images/Links/241-historyofbeads.com
30 **Epstein 1991, S. 14. Originaltext: «...they represent the desire to find the extraodinary in the commonplace.»**

Literaturangaben

Adams, Steven: Arts & Crafts. Eine außergewöhnliche Kunstbewegung. Xenos, Hamburg 1988.

Baker Montano, Judith: Elegant Stitches. An Illustrated Stitch Guide and source Book of Inspiration. C&T Pulishing, Lafayette, California 1995.

Baker Montano, Judith: The Crazy-Quilt Handbook. 2. Auflage. C&T Publishing, Lafayette, California 2001.

Baricco, Alessandro: Seide. Piper Verlag, München 1997.

Barton, Julia: Kreatives Sticken: Vom Design zum Kunstwerk. Verlag Paul Haupt, Bern und Stuttgart 1990.

Causee, Linda: An Encyclopedia of Crazy-Quilt Stitches and Motifs. American School of Network, 1997

Cawthorne, Nigel: UKIYO-E. Die Kunst des japanischen Farbholzschnitts. Battenberg Verlag, Augsburg 1998.

Clavé, Antoni u.a.: The Marubeni Collection. Faint Echoes of Eastern and Western Cultures. Marubeni Corporation 1994.

Cox, Ann: Beginner´s guide to Silk Robbon Embroidery. Search Press, 1998

Cox, Ann: Silk Ribbon Embroidery. Designs & Techniques. Search Press, 2002

Dabbs, Christine: Crazy-Quilting. Heirloom Quilts. Traditional Motifs and Decorative Stitches. How to Make a Crazy-Quilt. Rutledge Hill Press, Nashville 1998.

Duke, Dennis; Harding, Deborah (Hrsg.): Quilts. Könemann Verlagsgesellschaft mbH, Köln 1996.

Epstein, Diana: Buttons. Thames and Hudson, London 1991.

Fox, Sandi: Wrapped in Glory. Figurative Quilts & Bedcovers 1700-1900. Thames and Hudson. Los Angeles County Museum of Art, London 1990.

Gunn, Virginia: Crazy Quilts and Outline Quilts: Popular Responses to the Decorative Art / Art Needlework Movement, 1876-1893. In: Uncoverings, Volume 5 of the Research Papers of the American Quilt Study Group, San Francisco 1984, S. 131-152

Gwinner, Schnuppe von: Die Geschichte des Patchworkquilts. Ursprünge, Traditionen und Symbolik einer textilen Kunst. Keysersche Verlagsbuchhandlung, 1987

Hackstein, Stephanie: Knöpfe. Geschichte und Herstellung. Bielefeld 2004, URL: http://www.knopfbuch.de

Hall, Eliza Calvert: Aunt Jane of Kentucky. The University Press of Kentucky, 1995

Hart, Avril / Taylor, Emma: Fans. V&A Publications, London 1998.

Juniper, Andrew: Wabi Sabi. Edle Einfachheit als höchste Tugend. Lotos Verlag, 2003.

Kohlhaussen, Friederike: Patchwork. Englisch Verlag, 1991

Koren, Leonard: Wabi-sabi für Künstler, Architekten und Designer. Japans Philosophie der Bescheidenheit. Wasmuth Verlag, Tübingen 1995.

Martens, Ekkehard: Der Faden der Ariadne. Reclam, Leipzig 2000.

McCabe, James D.: The Illustrated History of the Centennial Exhibition. Philadelphia 1876. National Publishing Company, Philadelphia 1975.

Noma, Seiroku: Japanese Costume and Textile Arts. The Heibonsha Survey of Japanese Art. Volume 16. John Weatherhill - Heibonsha, New York - Tokio 1974.

Pellman, Rachel / Pellman, Kenneth: The world of Amish Quilts. Good Books, 1984

Schlereth, Thomas J.: Victorian America. Transformations in Everyday Life. Harper Perennial, New York 1992.

Schoeffel, Hans / Doubilet, David: Perlen. von den Mythen zur modernen Perlenzucht. DuMont, Köln 1996.

Stern, H. / Kulkmann, E: Leben am seidenen Faden. Die rätselvolle Welt der Spinne, München 1975.

Strasser, Susan: Never done. A history of American Housework. Henry Holt and Company, New York 1982.

Takaki, Ryuji: Preface. In: Forma Vol. 16, Nr. 3, Tokio 2001, S. 173-174. URL: http://www.scipress.org/journals/forma/frame/16.html

The American Heritage Dictionary of the English Language: Fourth Edition. 2000. URL: http://education.yahoo.com/reference/dictionary/

Timmermann, Irmgard: Die Seide Chinas. Eine Kulturgeschichte am seidenen Faden. Eugen Diederichs Verlag, Köln 1986.

Waller, Susan: Women Artists in the Modern Era: A Documentary History. The Scarecros Press, London 1991.

Wheeler, Candace. Yesterdays in a busy life. New York: Harper & Brothers, c1918. URL: http://ocp.hul.harvard.edu/ww/outsidelink.html/http://nrs.harvard.edu/urn-3:FHCL:452612

Wichmann, Siegfried: Japonisme. The Japanese influence on Western art since 1858. Thames & Hudson, N.Y. 1999.

Wilde, Oscar: Das Bildnis des Dorian Gray. Die große Erzähler-Bibliothek der Weltliteratur. Harenberg Kommunikation Verlags- und Mediengesellschaft, Dortmund 1985.

Yang, Sunng and Narasin, Rachelle M.: Textile Art of Japan. Shufunotoma, Tokyo 2000.

Websites

Verschiedenes

Americana	www.americana.ch
Gülhis Bektas	www.gulhis.com
Barbara Blattl	www.blattl.at
Brigitte Ehmann	www.quiltstudio.de
Jane Burch Cochran	www.janeburchcochran.com
Deutsche Patchworkgilde	www.patchworkgilde.de
European Crazy Artsquilt Festival	www.eurocrazyquilt.com
Sophie Gelfi	www.sophiegelfi.com
Marubeni Art Gallery	www.marubeni.com/gallery/index.html
Maryland Historical Society	www.mdhs.org
Österreichische Patchworkgilde	www.patchworkgilde.at
Prints of Japan	www.printsofjapan.com
Rita Schaffer	www.crazyaboutcrazy.com
Schloss Eringerfeld	www.schloss-eringerfeld.de
Sri Textiles	www.sritextiles.com
Ulster American Folk Park	www.folkpark.com

Fachgeschäfte

Atelier Tisch	www.ateliertisch.de
Beehive Store	www.jahrsen.de
Bennies Patchworkstadel	www.bennies-shop.de
Blue Moon Quilts	www.bluemoonquilts.de
Comer´s Patchwork Atelier	www.patchwork-fn.de
Fleckerltruhe	www.fleckerltruhe.at
Nähwelt Machemer	www.naehwelt-machemer.de
Patchwork	www.patchwork.at
Perlen Shop	www.perlen-shop.ch
Perlen Paradies	www.perlen-paradies.de
Perlentruhe	www.perlen-truhe.de
Quiltdesign	www.quiltdesign.de
Quilthouse	www.quilthouse.de
Quilt und Textilkunst	www.quiltundtextilkunst.de
Quiltzauberei	www.quiltzauberei.de
Quiltstar	www.quiltstar.de
RM Patchwork	www.rm-patchwork.com
Seidenhaus	www.seidenhaus.de
Sulky	www.sulky.com
Vlieseline	www.vlieseline.de